本书系全国教育科学“十三五”规划教育部重点课题“新时代以学习者为中心人才培养模式的创新体系研究”（DHA180358）阶段性成果；2020年天津美术学院校级科研课题“中华优秀传统文化创新性发展创造性转化与思政课程融入研究”（2020041）阶段性成果。

九州文库

中西文明对话与文化比较

——《周易》辩证逻辑与黑格尔辩证逻辑比较研究

李墨 著

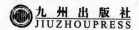

九州出版社
JIUZHOUPRESS

图书在版编目（CIP）数据

中西文明对话与文化比较：《周易》辩证逻辑与黑格尔辩证逻辑比较研究 / 李墨著. -- 北京：九州出版社，2021.8

ISBN 978-7-5225-0489-6

Ⅰ.①中… Ⅱ.①李… Ⅲ.①《周易》—辩证逻辑—研究②黑格尔（Hegel, Georg Wehelm 1770-1831）—辩证逻辑—研究 Ⅳ.①B221.5②B516.35③B811.01

中国版本图书馆 CIP 数据核字（2021）第 178825 号

中西文明对话与文化比较：《周易》辩证逻辑与黑格尔辩证逻辑比较研究

作　　者　李　墨　著
责任编辑　云岩涛
出版发行　九州出版社
地　　址　北京市西城区阜外大街甲 35 号（100037）
发行电话　（010）68992190/3/5/6
网　　址　www.jiuzhoupress.com
印　　刷　唐山才智印刷有限公司
开　　本　710 毫米×1000 毫米　16 开
印　　张　16
字　　数　177 千字
版　　次　2022 年 1 月第 1 版
印　　次　2022 年 1 月第 1 次印刷
书　　号　ISBN 978-7-5225-0489-6
定　　价　95.00 元

序

2017年11月，天津师范大学兴文楼历史文化学院C223室，一位年轻的法学博士，与我相约晤谈历史学博士后入站事宜。李墨博士虽然年轻，但已有比较丰富的人生阅历，曾任职于天津市司法机关、行政机关、教育科研机构。其博士论文研究的虽然不是历史问题，然而却呈现出了厚重的历史底蕴和深沉的历史思维。《礼记·学记》："独学而无友，则孤陋而寡闻。"《周易》兑卦大象辞："丽泽兑，君子以朋友讲习。"习近平在联合国教科文组织发表演讲时强调："文明因交流而多彩，文明因互鉴而丰富。"学科之间，需要打破壁垒，有机融合，我与李墨博士虽属不同的学科，但我愿意接受李墨博士入站，切磋琢磨，共同提高。

20世纪80年代，国内有四大易学研究重镇：吉林大学、山东大学、武汉大学、福建师范大学。吉林大学古籍所"三老"之一、著名易学专家金景芳先生治《易》的突出特点之一，便是以辩证法解《易》。受此启发，李墨博士以此为切入点，对《周易》

辩证逻辑与黑格尔辩证逻辑进行了通贯性的、根本性的、高度提炼的比较研究。

比较研究是一种科学的史学方法论。通过对不同时间、不同空间条件下的复杂历史现象的对比分析，可发现历史本质，进而探寻历史普遍规律和特殊规律。历史比较研究的一个重要方面是文化比较研究。20世纪初期，我国曾经掀起过一股关于东西方文化比较的热潮，梁启超、胡适、梁漱溟等都曾先后著文立论，然而，由于当时缺乏正确的理论方法做指导，所以没有在科学的意义上展开。李墨博士的这部专著，基于当代新形势下的新思考，诚如作者本人在绪论中所言："党的十八大以来，以习近平同志为核心的党中央深谋远虑，高瞻远瞩，从中华文化和世界文明发展的大势出发，对一系列关乎国家发展、民族复兴的重大论题，创造性地提出了许多重要的新思想、新观点和新论断，极大地推动了中华文化的大发展、大繁荣。同时，这些新的思想理论的提出，也为本论题的设定与探索提供了思想的方向指引和现实的遵循参照。"每一时代有每一时代需要解决的学术问题，参与此学术问题的解决，谓之"与时"。李墨博士的这部篇帙虽不宏富而内容不乏厚重的专著便是一部"与时"之作。

《周易》核心思想，前人以"时、位、应、中"四字括之，据我考察，"时"的权重最大。如，坤卦六三爻不当位且不相应，而爻辞云："含章可贞，或从王事，无成有终。"《易传》对坤六三爻不当位且不相应而吉的解释是："以时发也。"屯九五爻当位有应且居中，但爻辞却云“大贞凶”。屯九五爻辞之所以云“大贞凶”，当从“时”的角度来理解。六十四卦每一卦都代表特定的时空背景，每一爻则代表此特定时空背景下的不同的发展阶段。屯卦代表的特定的时空背景是事物的草创时期，九五爻代表发展的第五阶段。因为已发展到第五阶段，可以小有所为，故云“小贞吉”；因为尚未脱离事物的草创时期，不宜大有所为，故云“大贞凶”。

比较研究，三到位：第一步，有何异同？第二步，为何异同？第三步，评价异同。李墨博士有意识地做了这三方面的工作，但“如切如磋，如琢如磨”，学无止境，知也无涯，相信李墨博士在此阶段性成果出版后，会“与时偕行”，继续思索。期待不断看到李墨博士的新成果。是为序！

杨效雷

（杨效雷　历史学博士，天津师范大学历史文化学院文博系主任，教授、博导，兼任国际易学联合会理事、中国周易学会理事、天津国学会副会长、天津市人民政府学位委员会学科评议组成员，获第五届国际易学金玉奖）

前　言

本书认为，从中西比较哲学的视野研究辩证法问题，是从思维这个哲学的基本范畴把握中西方文化异同的根本路径，是对传统文化进行创新性发展和创造性转化的必然要求。挖掘并阐释《周易》辩证逻辑的时代内涵，与以黑格尔辩证逻辑为代表的西方辩证逻辑进行比较研究，是推动中华民族特有思维方式创新性发展的一次逻辑范式转换研究，具有重要时代意义。

首先，《周易》辩证逻辑与黑格尔辩证逻辑在起源与演进路径上呈现出明显差异性。中国古代逻辑的演进在总体上自成系统，《周易》辩证逻辑起源于八卦符号的创制，随着社会生产力的进步与人类生产交往方式的改变，先秦以降，《周易》原初用于占断吉凶的占筮功能，经历代思想家、易学家不断阐发诠释，其内在丰富的哲学思想逐渐得以显现。其中，作为“宇宙代数学”的辩证易象观与作为“格物致知学”的教化易理观融合并统一于《周易》辩证思想之中。相形之下，缘起于古希腊逻格斯精神与努斯精神的“反思”与“否定”则构成黑格尔辩证逻辑的两大支柱，在经历一系列理念自我能动的发展演进之后，表征为“绝对精神”的理念被赋予一种类生命特质，作为一种能动的理念生命体现于现实生命自身的客观实在之中，并外化为人的生命活动与生命体验。

其次，以卦爻符号为特征的易象观与内含逻各斯理性精神的“反思论”，构成两种思辨形式的内在根据。易象观是《周易》整个符号系统及其逻辑图示的集中展现，是生成于“原始”直观且历经漫长历史文化沉淀的逻辑集合形式，代表着一种专属于华夏民族人类劳动实践的符号摹写。“反思论”则表征着黑格尔思辨哲学中逻各斯精神的外化形式，这种形式的基本要素由概念语言呈现。在人这一生命体自由而有意识的活动中，原始符号系统于长期劳动实践的经验总结中逐渐建构形成，通过易象图示与想象力的链接作用，符号所内含的信息得到确定并不断扩容累积，在语言逻辑的人化分类中得以最终存续下来，表征为直觉体验的人与自然“互渗”关系说，并成为中国语境下“天人合一”思想的一种西化诠释。相较之下，黑格尔语境下的自我意识是内涵极其丰富的意识的类生命存在，其自在的“反身性”特征与《周易》易象观，特别是太极思想有许多可融通之处。但不同于《周易》以符号图示为源所创制的逻辑体系，黑格尔表达自我意识及其发展的形态所依据的是语言逻辑，语言图示与符号图示的差异最终将中西方关于逻各斯精神的诠释引入相异的文化语境。但在另一方面，图腾崇拜与占筮类推所同时包含的辩证逻辑因子，又在相近维度回答了远古人类逻辑思维遵循何种演进路径的共同疑问。只是在黑格尔那里，最终决定并统摄这种逻辑演进的，是作为辩证法并被看成人的真正生命的“绝对精神”，而《周易》思想中维系宇宙万物运行的“绝对精神”则被视为大易之“道”。

再次，崇尚德行教化的易理观与内蕴努斯能动精神的“否定论”体现两种生命理念的现实存在。《周易》辩证逻辑将宇宙看作一个大的有机生命体，其中的“日新观”“生生观”等观念注重从宇宙流行的有机整体出发审视客观发生的生命现象，以“元亨利贞”为表现的整体生命观被赋予人文德行内涵，生命属性的内在张力透过以人为代表的生命体的道德实践而获得更为丰富的价值内涵。黑格尔认为生命辩证活动中展现“自否定”的那个部分，也就是由生命冲动内在努斯精神所萌发的那个能动力量，“自否定”动因始终贯穿于黑格尔整个辩证逻辑体系并发挥着巨大能动作用。这构成黑格尔辩证逻辑的显著特征，并在辩证本体论、辩证认识论、主体体验以及历史演进中得以展现，以至于同《周易》乃至中国传统文化中关涉“性”“理”“情”“无”生命理念的思想观念发生某种意义上的话语关联。

目 录
CONTENTS

绪　论

一、选题背景与研究意义

（一）选题背景

党的十九大报告明确指出，文化是一个国家、一个民族的灵魂。文化兴国运兴，文化强民族强。没有高度的文化自信，没有文化的繁荣兴盛，就没有中华民族伟大复兴。党的十八大以来，以习近平同志为核心的党中央深谋远虑、高瞻远瞩，从中华文化和世界文明发展的大势出发，对一系列关乎国家发展、民族复兴的重大论题，创造性地提出了许多重要的新思想、新观点和新论断，极大地推动了中华文化的大发展、大繁荣。同时，这些新的思想理论的提出，也为本论题的设定现实与探索提供了思想上的方向指引和现实的遵循参照。正如报告所指出的，不断铸就中华文化新辉煌，要坚持创造性转化、创新性发展，这一重大战略举措为中华优秀传统文化的发展和繁荣提供了重要途径与基本遵循。具体而言，从中西比较哲学的视野研究辩证法问题，是从思维这个哲学的根本范畴把握中西方文化异同的根本路径，是对传统文化进行创新性发展和创造性转化的必然要求，为向世界讲好中国故事、提供中国智慧，推动中国优秀传统文化“走出去”，提供了一种重要的方法参照。

（二）研究的理论价值与现实意义

“文化是民族生存和发展的重要力量。”① 人类社会的每一次进步飞跃总是伴随着文化的发展繁荣，中华文化源远流长，是世界文明中一颗不可多得的璀璨明珠，虽然近代以来遇到种种艰难，但向前发展的大趋势始终未变，其根源就在于中华传统文化博大的生命特质与独特的民族个性。中华传统文化深刻阐释着中华民族的内在精神与性格禀赋，以文化人，以理服人，既能坚守本根，又能“与时偕行”（《周易·系辞传》），既能在纷繁的多元文化影响下保持民族自信，又能在与其互动中自我修复，自我完善，自我更新，不断引领着中华民族在一个又一个重大历史关头凝心聚力，突破困境，走向繁荣复兴。可以说，中华传统文化本身所具有的巨大的承载力、包容力和转化力，是使所培育的中国精神能够联通世界文明的关键因素。党的十九大报告指出，要坚定文化自信，推动社会主义文化繁荣兴盛。中华传统文化的繁荣兴盛为中国人坚定自己的文化自信创造了必要的思想基础，也

---

① 中共中央宣传部．习近平总书记在文艺工作座谈会上的重要讲话学习读本［M］．北京：学习出版社，2015：2.

为推动社会主义文化大发展、大繁荣提供了基础性动力，从这个意义上讲，没有中华传统文化的现代性转化就不会有中华文化的发展繁荣，没有中华文化的发展繁荣就不会有中华民族的伟大复兴。

中国特色社会主义文化，源自中华民族五千多年文明历史所孕育的中华优秀传统文化，而中华优秀传统文化是以中华文化所特有的逻辑思想和思维方式为基础的。这种特有的逻辑思想的生存和演进包涵着中华民族特有的民族特点，直接作用并影响着中国人的思维和行动，并现实表现在“天地人”的互动关系上。其以《周易》为发端和表征的逻辑范畴展开于自身自成体系的哲学系统之中，所发展呈现出的辩证易象观与教化易理观，注重从整体性、有机性和关联性方面进行思维，例如，“中西方关于辩证思想的理解存在差异。西方哲学从思维方式上看，注重运用一种固定的框架式的认知思维，认为对事物之间的差别化关系的把握比联系性、整体性关系的把握，更有利于准确认识事物的本质，因此，做出概念的抽象化解释以及严格区别的二元化阐释，成为西方哲学思维中的惯常方式”。同时，“中西方哲学思维的另一差异在于对人生哲学即主体性问题上的观念相异，中国哲学尤以儒学为代表所倡导的伦理道德观念，即是站在伦理教化层面完成从个人到家国进而推及世界的哲学反思，作为儒、道思想源头的《周易》辩证思想，其中蕴含的教化易理观综合提炼了中国传统哲学中的辩证观点，以伦理教化为脉络推及展开，意在反映中国人认识、把握和确证人生意义的价值思维特征”①。《周易》所内含的朴素辩证法虽古老、晦涩但历久弥新，包涵有尚待挖掘与诠释的现代意义上辩证法的合理内核。

在世界多元文化交融碰撞的新时代，“天是世界的天，地是中国的地，只有眼睛向着人类最先进的方面注目，同时真诚直面当下中国人的生存现实，我们才能为人类提供中国经验”②。新的历史时期，挖掘并解释《周易》辩证逻辑的时代内涵，与以黑格尔辩证哲学为代表的世界先进的辩证逻辑进行比较研究，是中华民族特有逻辑思想与思维方式的一次探索式的范式转换研究，也是完成中华传统文化现代性转化的一个内在根据和重要方面。在同以黑格尔为主的德国古典哲学的比较研究中，《周易》所蕴含的辩证逻辑虽然需要面对诸如时代背景、语义学、解释学等多方面的困境和难题，有些甚至是涉及研究的逻辑前提和理论起点的重要基础性问题，但正如中华传统文化的现代性转化这个大的理论前提和时代背景所指明的，这种比较研究的开展不是“要不要比较”的问题，而是“怎样进行比较”的问题，黑格尔讲“现实的即是合理的”，而著者想要去解决的，就是如何把这种现实需要的“可能合理”，变成真正“现实的”的理论形态，使之现实“合理”起来，以满足整个中华传统文化现代性转化中的逻辑关联与逻辑对接的需要。

① 李墨，赵峥．中西比较哲学视野中辩证教化观问题初探——以《周易》辩证思维为例［J］．天津市教科院学报，2017（04）：1－3.

② 中共中央宣传部．习近平总书记在文艺工作座谈会上的重要讲话学习读本［M］．北京：学习出版社，2015：23

二、国内外研究现状

(一) 国内学术研究现状

当前国内学界关于《周易》辩证逻辑与黑格尔辩证逻辑比较研究的论著尚处于起步阶段，直接论及的成果鲜见，可研究空间巨大。相关论著多融合诠释学、考据学、逻辑学、易医学等多元学科，范围不仅涉及考古学、史学、文学、哲学、佛学等传统学科，对现代意义上的心理学、天文学、符号学、数理学、美学等内容和新兴学科层面亦有所涵盖。主要呈现出以下几种研究思路。

学术著作方面：(1) 基于跨学科背景的易学诠释学的研究。在跨学科视野下研究易学诠释学问题，是从思维这个哲学的根本范畴把握中华优秀传统文化创造性转化和创新性发展的重要路径。相关著作包括：沈清松《跨文化哲学论》，刘纲纪《周易美学研究》，余敦康《汉宋易学解读》，高怀民《先秦易学史》，刘玉平《易学思维与人生价值论》，周裕锴《中国古代阐释学研究》，等等。这些论著都以跨学科视角切入，在易学诠释学研究方面多有建树。杨效雷先生所著《诠释学视野下的易学》基于当代易学研究的学术范式，从推动优秀传统文化创新创造的理念出发，将研究进路集中于跨学科背景下的易学诠释问题，是当前具有代表性的一部易学诠释学著作。全书分三个章节和两个附录，共三十四万余言，该书于众家易学经典的宏观提要与微观考据中比较差异，阐发新意，以易学诠释学为视角对历代易学经典进行现代诠释式探析，以熔炼、建构出一套能够考镜源流、融汇诸家、关照当代的易学诠释学体系。杨著坚持抓主要矛盾和矛盾主要方面的哲学观开展研究，从内容上系统梳理、汇集出历代易学研究大家（如孟喜、京房、郑玄、荀爽、虞翻、王弼、程颐、朱熹、吴澄、来知德、王夫之、李塨、焦循以及高邮王氏父子）关于诠释学意义上的突出成果，采撷各个历史时期最为精要的论说焦点并逐个进行考据和现代性转换，在所涉猎易学论说范围跨度巨大的情况下，做到了考据严整且去粗取精，覆盖全面且条理清晰。如在关于两汉时期《周易》的诠释中，著者就准确抓住了汉代探究卦爻象与卦爻辞之间关系的两大特色——《易》例与物象，进而综合运用考古、训诂等方法予以诠释解读，相类专著中不多见者如是也。

（2）基于文化交叉的易学逻辑学研究。相关著作包括：高晨阳《中国传统思维方式研究》，沈定平《明清之际中西文化交流史》，李廉《周易的思维与逻辑》，冯友兰《中国哲学简史》，姜林祥《儒学在国外的传播与影响》等。在专门开展易学逻辑学研究的领域，南开大学吴克峰教授所著《易学逻辑研究》将逻辑问题研究建构于文化比较的全新视角，开创了当代国内相关领域的研究新局面。吴教授认为，不同的逻辑思维方式是造就不同民族文化的基础性问题，中国逻辑史研究不必继续自西学东渐以来朝西方文化与思维比附的认识倾向，而应通过以易学为主干的中国古代逻辑的系统阐发，找出其中一以贯之的推类思维方法，从历史文化与推理形式的双重维度出发，探究、阐释一套中国特有的逻辑思维方式。该书通过对近代中国逻辑史发展脉络的回顾评析，系统考察了易学逻辑的演进特征，并特别总结归纳出包括逻辑方法、推理类型、逻辑理论等具体易学推理系统，全面覆盖包括名辩学、政治学、易医学、天文学、伦理学等学科在内的“大易学”范畴，进一步提升了国内关于中国古代逻辑学，特别是易学逻辑学研究的整体水平。

（3）基于比较哲学的思辨逻辑学研究。相关著作包括：楼宇烈《东方哲学概论》，成中英《论中西哲学精神》，朱谦之《中国哲学对于欧洲的影响》，杜维明《现代精神与儒家传统》，朱伯崑《易学哲学史》，梁漱溟《中国文化要义》，曾乐山《马克思主义哲学的中国化及其过程》，何新《哲学思考》（上下卷），邓晓芒《思辨的张力》等。这些论著内涵广大、深刻，集中体现出现当代中国比较哲学的研究思路与思想水平。其中，邓晓芒教授是国内研究黑格尔哲学和德国古典哲学的权威专家，在其著作《思辨的张力》一书中，邓教授以黑格尔思辨逻辑为研究主线，融入对中西方辩证法的深入探讨，创造性地从古希腊逻各斯和努斯精神中扬弃出黑格尔思辨逻辑的起源。一方面，黑格尔辩证法中所存在的生存论因素暗含着生命的自我否定与自我超越间的矛盾①，而这一矛盾的发生动因在于生命所固有的一个概念——努斯精神，“努斯”这一泛指生命心灵、情感、思想和意志的精神活动，构成了黑格尔辩证法的“自否定”倾向，成为生存论得以提出的内在动因。另一方面，“反思”的内核表现为逻格斯精神与理性的认识论倾向，在邓教授看来，辩证法所蕴含的理论智慧是通过“反思”来提供路径选择的。正是在这种关于自然社会以及人类思维

① 邓晓芒．思辨的张力［M］．北京：商务印书馆，2008：38.

运行法则的不断“反思”过程中，辩证法这一科学的思维方式才得以建立。整体上看，该书系统探讨了黑格尔辩证法的起源和开端，并将“否定”与“反思”视为黑格尔辩证法的灵魂与形式加以深入阐释，最终作者以“黑格尔辩证法作为逻辑学、认识论以及本体论的统一”为内容系统论述了这种“统一”的具体达成过程。可以说，该书虽于2008年公开出版，但书中大量创新性观点时至今日仍历久弥新，本书亦多有参引，但在关于中西古代辩证逻辑比较的论述中，作者认为中国古代哲学存在“消解生命冲动”等“反生存论”倾向的论说值得商榷，对此，本书也在围绕生命理念的易理阐述中多有论证，希冀更为客观地阐明分属两种不同文化思维体系的辩证逻辑的异同。

除此之外，国内相关领域研究专家如朱伯崑、刘纲纪、彭国翔、高晨阳、张晓芒、林洪文、周山、王俊龙、王霆钧、乐爱国、严耀中等学者，对《周易》辩证逻辑或黑格尔辩证逻辑都给予了充分关注，并进行了大量富有创新的论述，表明当前国内学界在辩证逻辑领域研究的深化与进展，但其中以中西比较视角展开研究，特别是围绕生命和理念的系统性论述鲜有，关于辩证逻辑与辩证法的基础理论与思想理论来源方面的研究亦存在较大探讨空间。

学术论文方面：(1) 关于类比、推类逻辑与思维方式的研究。如吴克峰教授《易学的推类逻辑》(《周易研究》，2002年06期)，《〈周易〉与儒家伦理的思维方式》(《道德与文明》，2006年02期)，《中国逻辑史视野下的先秦易学与名辩学》(《周易研究》，2006年02期)，《周易推类逻辑的类型分析》(《南开学报》，2006年06期)，周山《周易与类比推理》(《周易研究》，2007年06期)，张晓芒《中国古代逻辑方法论的源头》（《周易研究》，2006年05期），董小英《周易的推理方式与认知方式(二）——从卜筮巫术转为修辞箴言》（《郑州航空工业管理学院学报社会科学版》，2018年02期）等，均是从易学思维逻辑视角展开的学术研究，这些成果主要围绕卦爻辞与符号对应的逻辑关系问题进行探讨，专门论及生命辩证逻辑的较为鲜见。(2）关于《周易》思维方式与其他学科交叉融合的研究。如阿慧《试论周易“太极”思维影响下的朱子理学美学》（《兰州教育学院学报》，2017年06期），张建伟、李亚军《周易卦象思维对中医学的影响》（《长春中医药大学学报》，2017年06期），杜海涛《伦理符号学与周易符号伦理思维》（《周易研究》，2016年05期），王惠正《玄妙之意 象外之象——周易视野下的书法意象思维》（《中国书法》，2016年06期）等，这些相关研究虽着眼于《周易》思维方式同其他学科的交叉比较，但少有从辩证法视角展开的，从逻辑思维源头入手进行的探索式研究不足，总体而言成果总量较为匮乏，创新性较弱。(3）关于《周易》生命伦理学的研究。如张舜清《论周易中的生命伦理意蕴》（《孔子研究》，2016年03期），李咏吟、陈中雨《周易君子学与古典生命伦理观的奠基》（《湖南师范大学社会科学学报》，2015年06期），李曙华《周易自然哲学与生命实践》（《周易研究》，2012年02期），陶新宏《“生生”：儒家对生命的诠释》（《广西社会科学》，2017年05期）等，这些论说大多通过《周易》内在生命价值理念的阐发，将易学哲学思想融入生命伦理的讨论之中，对更全面、深入地把握《周易》生命理念及其内在逻辑很有裨益，但其中一些论说缺乏中西方比较视域下的研究思路，致使相关探讨的空间显得相对较窄，往往沿着传统中国文化语境下的生命观、伦理观进行诠释分析，多学科融通与支撑不够，缺乏系统化的理论构建。(4) 关于《周易》辩证逻辑的研究。如史衍朋、高奇《论毛泽东辩证思想的周易来源》(《周易研究》，2016年02期)，吕绍纲《辩证法的源头在中国周易》(《社会科学战线》，1999年04期)，缐文《“三易”观与辩证理路：管子“轻重”论经济哲学思想发微》(《思想战线》，2017年04期)，何巧巧《从周易看周人的辩证思维》(《北方文学》，2017年01期)，王乾成《略谈辩证唯物主义的循环论及其应用——从周易中的循环思想说起》(《中州大学学报》，2012年05期)，史少博《周易“吉”“凶”论的辩证关系与现实价值》(《河北学刊》，2011年02期)，王学海《周易文化的应用传播与辩证哲理》(《云梦学刊》，2011年03期) 等。在这类成果中，有的侧重从某个人或某种学说中挖掘《周易》辩证思想并予以归纳，有的从经济、哲学、文学、伦理学等学科视角入手，在具体论题上探讨《周易》辩证法及其相应影响问题，有的则立足于《周易》“阴阳观”“吉凶观”等体现辩证逻辑的某些方面，结合现实价值问题进行探讨。凡此种种，不一而足。需要指出的是，大部分研究缺乏跨学科跨领域背景下对《周易》辩证思想的系统梳理，易学辩证思想的演进与构建既是历史形成的，也是在历代易学思想阐发的整体进程中逐步完善的，并非单纯辩证法或思辨逻辑阐发的“一枝独秀”，需要从易学发展演进的整体性视角进行深入阐发，特别是在生命辩证理念的阐发上仍存在很大的可挖掘空间。(5) 关于《周易》与黑格尔比较哲学的研究。如赵伟、刘志新《中国化马克思主义哲学中周易思想的若干体现》(《辽宁工业大学学报》，2011年06

期)，张华勇《〈周易〉哲学视域下的社会政治秩序之构建及其当代意义——兼与黑格尔哲学的“市民社会”相比较》(《西北大学学报》，2016 年 01 期)，史少博《〈周易〉辩证思维与黑格尔辩证法之差异》(《中共济南市委党校学报》，2007 年 01 期)，倪阳《论周易的精髓——逻辑理性主义》(《周口师范学院学报》，2011 年 04 期)，王淑萍《对周易思维方式与马克思主义哲学的相互体认》(《中国石油大学学报》，2007 年 02 期)，等等。应当说，国内关于《周易》与黑格尔哲学比较论述的论文数量很少，少数相关论文虽抓住了辩证法这个重要范畴展开研究，然能够深入生命理念的逻辑领域探讨的更是少之又少，仍存在亟待填补的理论空白。同时，由于马克思主义辩证法的主要内核来源于黑格尔辩证哲学，故将马克思主义辩证法与《周易》辩证逻辑进行比较亦具有十分重要的理论与现实意义，但目前学界对此领域研究甚少，查阅文献尚未发现深入探讨此类问题的论说。

综上所述，《周易》是以卜筮为外表的富含哲学智慧和历史经验的指导人生决策以趋吉避凶的上古巫史文化的百科全书。易道广大，无所不包，一部易学发展史本身就是一部易学研究史，纵观整个易学研究的历史脉络，不同时期的诸家论说不胜枚举，本部分所列举出的国内学术研究状况虽覆盖当代易学研究的主要方面，但难免挂一漏万，若面面俱到网罗汇集古今浩繁的易学论说，恐怕既难为之又无必要。仅就与本论题有关的以上著作、论文而言，各论著虽着眼于某一学科或多学科的比较融合，但在中西文化哲学比较的大背景下，专门探讨辩证法特别是围绕生命理念这一全新视角的系统性研究尚处于空白。一言以蔽之，鉴于中西方文明生成方式的不同，两种文明孕育的辩证思维形式存在着深刻差别，尽管从形式上看，原始社会中西方朴素辩证思维中的不少共同点、共通点可能广泛存在，但从起源方式与生成路径以至发展轨迹来看，中西方辩证法所存在的两种思维体系之间的差异，实质上须从关于两种文明形成的思维源头中找寻。鉴于此，本书对《周易》辩证逻辑的探讨主要集中于认识论、本体论与逻辑学关于生命理念的诸范畴之中。著者认为，构建一个具有相对独立性和系统性的理论视角——基于生命理念的《周易》辩证逻辑与黑格尔思辨逻辑之比较，是统摄《周易》与黑格尔哲学比较、生命伦理、逻辑思维与辩证法、中西方文化交叉等研究域的可行选项与必要选择。因此，在关涉生命理念的辩证法理论形态尚未成型的背景下，系统、全面地提炼、整合反映中国特色辩证逻辑、体现逻辑思维发展规律的《周易》辩证逻辑理论，势必会对丰富当代易学研究以至助力中华传统文化的繁荣发展有所增益。

（二）国外学术研究现状

《周易》位列“群经之首”，其知识体系由《易经》《易传》以及易学组成，表征着中华文化的思想源头和哲学肇始。如国际易学联合会荣誉会长丘亮辉先生所指出的，“从科学的视角看，几千年来的易学研究主要集中于四大问题：一为卦的排序和变换以及卦画的起源问题，二为卦爻辞的解释和训诂问题，三为卦爻辞与符号对应的逻辑关系问题，四为筮法的意义及其推理可靠性问题。”查阅大量国外有关文献后，著者发现以《周易》辩证观与黑格尔思辨逻辑之比较为研究域，围绕生命、伦理与文化交叉主题探讨的论文极为有限，通过史论结合、系统梳理方式研究辩证逻辑的专门论著尚不多见。

本部分就此选取一些较为典型和较有启发意义的著作进行研究，概括介绍当前国外关于《周易》辩证观与黑格尔辩证逻辑研究的学术成果，对其中部分较有借鉴价值的观点和理论进行综述如下。

第一，将逻辑学特别是辩证逻辑研究融入人类学、历史学、伦理学和美学等范畴展开的研究。西方学界向来具有逻辑思维的传统，近现代以来围绕逻辑学范畴展开的跨学科探讨广泛分布于各个研究领域，如列维-斯特劳斯的《野性的思维》，列维-布留尔《原始思维》，康德《纯粹理性批判》，斯宾诺莎《知性改进论》，索绪尔《本真状态及其张力》，恩斯特·卡西尔《人论》《符号神话文化》，艾柯《符号学和语言哲学》，胡塞尔《现象学的方法》，柏格森《时间与自由意志》，伽达默尔《真理与方法：哲学诠释学的基本特征》等。这些著作注重逻辑学同其他学科的交叉融合，这种融合的渊源在于西方世界重视逻辑关系的思维传统与文化渊源，强调运用逻辑方式完成对语言学、符号学、现象学、人类学等理论的构建与反思。其中，有的学者从人类文化学视角阐释思维的形成。德国文化哲学家恩斯特·卡西尔在其著作《人伦》中提出，人类利用有意义的符号创造着某种“可能性”，符号系统的创制不仅展现为人对客观经验世界的模拟类比，更展现为以人自身创造性劳动为基底所构建形成的人与自然的有机整体——文化的历史。符号思维构成了逻辑思维的重要组成部分。有的学者从原始思维视角思考逻辑思维的辩证性。列维-斯特劳斯的《野性的思维》与列维-布留尔的《原始思维》对此论题都有涉及。《野性的思维》专设一章（第九章）探讨“历史与辩证法”问题，认为“真实的辩证理性原则应当从野性的思维顽固的拒绝使任何关于人的（甚至是关于有生命的）东西与自己疏离的态度中去寻找”①。布留尔则从逻辑分类角度阐释包括生命体验在内的“互渗”关系，系统分析了包括图腾巫术、原始分类、直觉体验等在内的原始人生活模式，将辩证理性引入“原逻辑思维”的概念维度。

第二，基于中西比较视野下的文化哲学、汉学研究。如田辰山（美国）所著《中国辩证法——从〈易经〉到马克思主义》，朗宓榭《小道有理：中西比较新视阈》，郝大维、安乐哲《期待中国：中西文化叙述思维》，中村元《东方民族的思维方法》，卡尔·雅斯贝尔斯《历史的起源与目标》，艾兰《早期中国历史思想与文化》，荣格《东洋冥想的心理学——从易经到禅》，金白莉·帕顿等主编的《巫术的踪影：后现代时期的比较宗教研究》，班大为《中国上古史实揭秘：大文考古学研究》，艾兰《水之道与德之端：中国早期哲学思想的本喻》等。这些论著涉及比较哲学的方方面面，内涵极为宏阔，有的研究着眼于辩证法在中西思想史中的逻辑演进比较，如田辰山在《中国辩证法——从〈易经〉到马克思主义》中指出的，“中国人所说的马克思主义的辩证法与作为欧洲文化遗产的马克思的辩证法，所指涉的并不是同一种内涵”②。中国辩证法源于《易经》阴阳观、交易观所彰显的“通变”思维，体现为一种矛盾双方相互转化、互为前提、不

① ［法］列维 - 斯特劳斯．野性的思维［M］．李幼蒸，译．北京：商务印书馆，1987：279.

② ［美］田辰山．中国辩证法——从《易经》到马克思主义［M］．萧延中，译．北京：中国人民大学出版社，2016：2.

可分离的“互系”关系，由此，作者认为讲求“变通”的思维与实践倾向内在地统一于中国人“天人合一”的思想理念。有的学者侧重从“命理文化”入手探讨文化思维差异，朗宓榭在《小道有理：中西比较新视域》中认为，命理这种中国语境下的“亚文化”不能被简单视为“迷信学说”，以占卜为特征的普遍的人类预测活动对人类文明和思维史的走向具有很大影响。有的学者从心理学的意识理论视角，在儒、释、道等具体文化观视野下审视东西方思维歧异。荣格在《东洋冥想的心理学——从易经到禅》中对比论析了东洋思维方式的内向性与西洋思维方式的外向性，从心理学“共时共情”的无意识状态理解《周易》占筮活动发生的心理缘由。金白莉·帕顿等主编的《巫术的踪影：后现代时期的比较宗教研究》则在巫术活动与宗教起源关系问题上做出深入探讨，指出宗教、信仰中所隐含的神话、巫术等“情境幻象”，其构成宗教间比较价值的思维基础。

第三，以德国古典哲学为脉络的辩证逻辑研究。如 W. T. 司退斯《黑格尔哲学》，阿·古留加《黑格尔小传》，克朗纳《论康德与黑格尔》，麦克莱伦《青年黑格尔派与马克思》，罗伯特·奥尔曼《辩证法的舞蹈——马克思方法的步骤》，维特根斯坦《逻辑哲学论》，阿多诺《否定的辩证法》，爱弥尔·涂尔干、马塞尔·莫斯《原始分类》，列宁《哲学笔记》等。事实上，黑格尔辩证哲学的思想渊源是要置于德国古典哲学的学术史中进行阐释的，唯物辩证法的真正确立，是以康德、斯宾诺莎、谢林、费希特、黑格尔、马克思、恩格斯为代表的一批德国思想家在历史进程中不断丰富并最终发展形成的。其中，有的学者如克朗纳立足于比较论的研究范式，阐述了康德与黑格尔哲学的内在关系，在《论康德与黑格尔》中分别讨论了德国观念论的基本特色以及康德与黑格尔哲学在观念上的异同，该书在“思辨与历史”“逻辑学与心灵”“理性与天启”部分重点论及辩证逻辑的形成路径与内在构成，并融入了关于“爱”“泛神论”“绝对心灵”等从属于生命活动的观念探讨，将黑格尔辩证逻辑这一富有原创意义的哲学称为“爱的泛神论”。有的学者倾向于从批判观点出发，将辩证法的核心定位于“否定”，法兰克福学派的阿多诺就是其中的代表，阿多诺以其《否定的辩证法》一书从哲学上概括了法兰克福学派批判理论的精髓，提出了“绝对否定”的非同一性思想，他承继黑格尔辩证逻辑中“自否定”因素的同时，批判黑格尔“虚假的概念同一性”，认为“怀疑与瓦解一切同一性”才是辩证逻辑的根本所在。列宁则高度评价了黑格尔在辩证逻辑上的伟大成就，其著作《哲学笔记》的大部分内容实际上就是他在阅读黑格尔《逻辑学》时所做的摘录和笔记的汇总，列宁认为不懂得黑格尔和马克思的辩证法，就无法真正读懂马克思在《资本论》特别是第一卷中所写的内容，他甚至指出，“如果我没弄错，那么黑格尔的这些推论中有许多神秘主义和空洞的学究气。可是基本的思想是天才的：万物之间的世界性的、全面的、活生生的联系，以及这种联系在人的概念中反映——唯物地颠倒过来的黑格尔。”① 应当说，以黑格尔辩证逻辑为代表的德国古典哲学，在关于辩证逻辑的研究领域达到了西方哲学思维前所未有的至高境界，这一发端于西方

① 列宁专题文集（论辩证唯物主义和历史唯物主义）［M］．北京：人民出版社，2009：134.

历史文化背景下的辩证逻辑为更为深入、全面地阐释《周易》辩证逻辑提供了极为重要的参照系，为从哲学和思想史层面展开关涉《周易》卦爻象数、义理阐发的比较研究积累了域外思想基础。

三、研究的基本思路与方法

（一）基本研究思路

本论题基于《周易》辩证观与黑格尔辩证逻辑之比较，以生命与理念这一对范畴为贯穿全书的探讨主题，从推动优秀传统文化创造性转化、创新性发展（“两创”）的研究域出发，将研究进路主要集中于两点。

一方面，坚持唯物辩证法的创造性转化。党的十九大报告强调，发展中国特色社会主义文化，就是以马克思主义为指导，坚守中华文化立场，立足当代中国现实，结合当今时代条件，发展面向现代化、面向世界、面向未来的，民族的、科学的、大众的社会主义文化。这表明，推动中华优秀传统文化的大发展、新发展，必须把握当代世界发展变化的大势，立足于中国历史的文化本源，在科学的方法论的指导下创造性地开展研究。习近平同志进一步指出：“传承中华文化，绝不是简单复古，也不是盲目排外，而是古为今用、洋为中用，辩证取舍、推陈出新，摒弃消极因素，继承积极思想，以古人之规矩，开自己之生面，实现中华文化的创造性转化和创新性发展”。[①]《周易》作为中华优秀传统文化的经典代表，既内含丰富的辩证逻辑思想，又兼具自强不息、厚德载物的人文精神，是中国古代哲学和中华文化的源头活水和重要承载。时至今日，马克思主义唯物辩证法在中国的生根繁盛，不仅从历史和逻辑上为中国哲学和文化的大发展注入了新的科学因子，更是在理论和现实层面全方位地指引着中华文化的传承与复兴，坚持马克思主义唯物辩证法的科学观点和论断，为我们今天正确看待研究《周易》以及开展与黑格尔思辨哲学的比较研究，提供了一个不可或缺的参照系。

具体而言，唯物辩证法的各个范畴是人对客观世界普遍联系的抽象，是马克思主义认识论关于一切客观事物的科学总结，坚持唯物辩证法，既是深化对黑格尔这一德国古典哲学集大成者思想理论的学习与再认识，又是坚持用科学的方法论对《周易》这一哲学经典的探索式诠释与改造。马克思主义唯物辩证法的形成和发展历经了一个长期的历史过程，是科学的世界观和方法论的集中体现，而黑格尔思辨哲学是马克思主义唯物辩证法，特别是辩证思想的主要来源。人类社会迈进工业化时代以来，西方世界自然科学的快速进步同他们哲学思维的“分野”一样同步进行着，此种演进下逐渐形成的实验主义与理性主义的两大流派，从本体论、认识论到逻辑学分别勾勒着自己的思想范畴和理论场域。从发展脉络上看，黑格尔思辨哲学虽只是其中理性

① 中共中央宣传部．习近平总书记在文艺工作座谈会上的重要讲话学习读本［M］．北京：学习出版社，2015：23.

主义一脉，但其理论所蕴藏着的巨大思辨张力，则是能够扬弃并统摄在此之前整个西方逻辑思想的集大成者。因此，通过比较的方式重新研究并深化对黑格尔辩证哲学的认识，也是对马克思主义辩证法再一次的深入把握。相比于黑格尔辩证哲学的形成，兼具占卜用途与哲学思想的《周易》起源更为古老，其被赋予的神秘性也更强。如何运用科学的方法论对其重新诠释、解读进而完成创造性转化，不仅要受制于《周易》成书历史和时代精神的必然限制，也要受到语义、词语、结构形式以及语言风格等工具层面的局限，绝不是单凭个人短期的简单研究就能驾驭和完成的，著者也只能对此问题做一有限的探索。一是将《周易》辩证逻辑的起源与演进置于“黑格尔辩证逻辑的生成与进路”的比较论视域之中，从中西方两大文化思维体系的源头梳理开始，即开展对比阐释研究；二是展开对诸如符号易与象术易、易传与易学、逻各斯精神与努斯精神等具体范畴的阐释、梳理，剖析其内在的辩证法要素，立足于唯物辩证法立场挖掘《周易》蕴藏的辩证逻辑，更为科学地诠释包括占卜、卦象、爻辞内在的发生机理和逻辑构成，以提炼出足以同黑格尔辩证哲学进行比较的内在逻辑精神，找到推动《周易》这部神秘经典回归人们科学认识的正确路径选择。

另一方面，坚持把握本根与汲取精华的创新性发展。党的十九大报告指出，要深入挖掘中华优秀传统文化蕴含的思想观念、人文精神、道德规范，结合时代要求继承创新，让中华文化展现出永久魅力和时代风采。当代中华传统文化的影响力是异常强大的，随着中国的崛起，在当前全球化时代的大背景下，中华传统文化和中国式思维正在以一种新的面貌自主地进入世界文明的普遍交往和相互融合的场域之中。

即便国际国内诸如《周易》等国学热滥觞的背后，也透露出某种不求甚解的实用主义倾向，但不可否认，推动优秀传统文化的时代化、国际化、大众化确是一项必须持之以恒、坚定推进的长期工程，亟待从把握传统文化本根的基础之上，汲取更符合现代标准的逻辑范式，完成自身理论体系的科学化转化，拂去附着于《周易》经传等经典中神秘甚至迷信的思想尘埃，去粗取精，去伪存真，以此方能使其以一种思想财富的姿态长期在世界文明经典中占据一席之地。

与西方抽象思辨哲学的形而上学指向不同，中国辩证哲学本质上是一种带有很强的教育教化功能的实践伦理哲学。以《周易》为代表的中国传统哲学所主张的“天人合一”思维，实质上是对人与人之间、人与自然之间和谐关系的确立和维护，并通过“人法自然”的教化要求，促动人类社会崇仁尚德、温顺守序的道德实践。① 除此之外，《周易》辩证逻辑思想作为中华传统文化特有的逻辑形态和文化内核，在与以黑格尔思辨哲学为代表的辩证理性主义之间，不管从本体论、认识论、逻辑学，还是语义学、时代背景、思维方式等方面，都存在着诸多巨大的思想理论差异，但是同作为人类智慧结晶的两种思想体系，它们之间同样存在某种联系以及互为借鉴甚至融合的可能。同时也应当看到，在不进行概念界定、辨析、解释、说明的基础上，直接对缘起于两种不同分析工具的思想体系进行比较，也是不够谨慎和科学的。举例来说，以符号指代为特征的《周易》易象观思维体系，直

① 李墨，赵峥．中西比较哲学视野中辩证教化观问题初探——以《周易》辩证思维为例［J］．天津市教科院学报，2017（04）：1－3.

接孕育了中华传统文化中的意象化思维，但在与以抽象概念推理和把握见长的黑格尔辩证哲学的比较中，却显得不够系统和严密。同样，著者也认为，黑格尔辩证哲学也因其所固有的理论瑕疵，需要通过《周易》思想中的符号意象思维来进行某种尝试性的解释，进而对其真正内涵做出更为深刻的阐明和理解。因此，本书着眼于跨学科分析的综合比较方式，坚持以唯物史观的方法论分析两大思维方式与文化系统生成的内在根据，将生命理念与生命逻辑这一两大文化系统均涉及的重要范畴作为贯穿于整个比较研究的一条主线，一是在两种辩证形式的内在根据即易象观与“反思论”的比较上探讨生命及其内在理念的运动演进，二是在两种生命理念的现实存在即易理观与“否定论”的比较上探讨生命理念象征及其内在动力，并在比较论视野中具体阐释《周易》内涵“性”“理”“情”“无”等基本概念。

（二）主要研究方法

在研究方法上，本书拟采用的方法包括：

（1）文献解读的方法。如在考察从易传到易学的辩证思想演进过程中，将《周易》经传与历代易学学说作为阐释和解读的文本，将辩证逻辑的研究纳入易学思想史与黑格尔辩证逻辑比较的整体范畴。从文献出发挖掘其内在根据并加以阐释，再回到比较论视域中尝试更宽视角的“互译”解读，为存在于不同文化思维间现实问题的解决提供文本理论依据。

（2）历史考察的方法。如在论及生命运动演进的潜在逻辑图示时，坚持历史唯物主义的分析方法，从历史演进与人类社会生产方式转变的视角，考察八卦符号系统创制的内在根源，指出正是在劳动实践这一重要社会物质生产方式的推动下，依赖于人类整体生命繁衍的文化累积，才构成了八卦符号创制的先决条件。

（3）跨学科分析的方法。特定的社会实践存在于特定的时空，比较论视域下的《周易》辩证逻辑与黑格尔辩证逻辑分属不同历史时空和文化范畴，且呈现出不同的理论形态，二者均涵纳极为宏大、深刻的思想内涵，对于不同理论的认识需要运用跨学科的知识进行分析，唯有此，方有可能完成对二者的比较研究。本书不仅局限于运用易学哲学理论进行问题论述，亦广泛吸收借鉴历史学、社会学、心理学、政治学等学科思想理论，考察、比较相关学说理论的内涵及其特定背景。

（4）比较分析的方法。本书的一大特点正是基于两种不同的历史文化维度而展开的比较分析，一方面对发端于两种文明起源的思维方式进行比较，另一方面对饱含丰富观点学说的两种文化体系进行比较。在对比两大内涵极为丰富、庞杂的逻辑系统时，首先提取各自系统中最具代表性的重要范畴进行界定梳理，再着眼于诸范畴可能展开的“互译”对话，以进一步丰富和深化对两大文化体系与逻辑思维方式的认识。

四、研究的重难点及创新点

（一）研究的重点和难点

对两种辩证逻辑进行比较研究，既要“求同”更要“存异”。在本体论、认识论、逻辑学等现代概念范畴中，《周易》所直接表述的纯粹哲学思想并不明显，相反，是以一种极为隐晦甚至玄妙的形态展现的，其中的辩证逻辑也是在以孔子为代表的一代代学者的诠释和改造下才逐渐丰盈、有形起来的，这构成了本研究的一大重点，同时也是难点。以语言学为例，古希腊罗马哲学自始就对语言与修辞给予了充分关注，西方先哲将语言认同为真理的承载之物，试图将普遍的、永恒不变的真理通过辩论术、修辞术等语言形式确立下来，由此最初揭示了辩证法（dialectic）作为语源意义上的特征。以名家学派为代表的中国古代哲学以同样的方式关注“不辨不明”的真理问题，“名”与“实”的对立与辨析打开了中国古代辩证逻辑意象思维以外的另一个世界。但应当注意到，名家学派在中国古代哲学史中始终不曾取得占据主导的地位与影响，并且支撑其论题探讨的目的出发也并非完全基于纯粹思辨的逻辑需要，而是倾向于“内圣外王”的现实伦理需要。因此不可否认，自孔子及其门生注《易》以来，不同于西方哲学形而上学、逻辑学、伦理学等纯粹哲学的细分构成，中国古代辩证思想并不是没有存在，而是以不同形式和面貌杂糅、融合于不同“圣王”“诸子”的政治思想、伦理判断甚至行为选择之中。

总体上，与西方逻辑思维和哲学思想上的差异，并不能代替和遮蔽中国古代先哲思想思维的高度与人文精神的光辉，当代中国的文化自信与文化自觉需要通过此种哲学思想差异，把握“我”之本根汲取“他”之精华，以“存异”之方法谋“求同”之目的，由此展开对以古代辩证思想为表征的中华优秀传统文化的创新性发展和创造性转化，而这正是本书力图解决并向学界所展现的。

（二）可能创新之处

第一，在辩证逻辑的范畴探讨生命理念。《周易》作为群经之首，其内涵有极为深刻的哲理智慧，尽管历代易学著说甚多、类别各异，但无不以先秦易学为纲目，或循象、数、理、占，或循义理文本，或几者兼有的脉络各自演绎丰富，而它们的共同目的指向，都是集中于对易学“生生之谓易”的生命哲学理念的阐发，其中所蕴藏与表达的原初辩证思想也是从天人共同感应的方向立论。与此相应的，是黑格尔极为重视“生命”这个辩证逻辑中的重要概念，其辩证理性的根本特征是赋予客观的“绝对精神”以生命般的活的价值，即在逻辑的、精神的生命维度上思考和考察整个世界。因此，源自现实的生命活动而形成的辩证理念，同源于精神理念的逻辑生命而展现的现实世界，既构成了本书所考察的中西方两大逻辑系统所共同关涉的论域所指，又表明二者真正的分野所在。

第二，在中西文化比较的语境下考察逻辑和思维问题。黑格尔的辩证逻辑理论并不是这位思想家个人偶然建立的哲学体系，也代表着自康德以来德国古典哲学辩证法领域的最高境界。本书拟通过对最能体现中西方辩证思维的两种辩证哲学的论析，更加清晰地勾勒和体现此种文化观差异背景下的思维差别，从《周易》象数、义理两大研究域中梳理、提取易象观与易理观，与黑格尔辩证逻辑中最核心的“反思论”与“否定论”进行比较，旨在为两种辩证逻辑的融通互鉴提供一种学理路径。

第三，运用唯物史观阐释《周易》辩证逻辑的形成过程。本书回溯到远古时代，从人类劳动实践与社会物质生产方式的角度出发，探讨思维逻辑的演进形成根据，认为正是社会物质生产方式的转变，为《周易》八卦符号的创制提供了先决条件，而八卦符号系统中意象、类比思维模式的形成，对中华民族文化积累沉淀产生了巨大影响，运用八卦图示的同质分类、类比特征演绎万物，既体现出华夏民族辩证思维中的“通变”色彩，又彰显着自然意识的人化与外化。这种注重直觉体验与“天人感通”的逻辑思维方式构成同西方思维方式的根本不同。

第一章

《周易》辩证逻辑思想的起源与演进

在中国传统文化的观念里，《周易》古经的八卦符号据说是在黄帝之前的伏羲时代（约公元前四千七百年）创立的，八卦的演绎开启了中国最早的符号哲学。到了公元前12世纪的周文王时期，八卦符号逐渐演化为六十四卦，同时每一卦和每一爻所代表符号的象征意义被赋以卦辞和爻辞，君主将这种综合了文字和符号的占筮之法定名为“易”，演“易”以“神道设教”，阐释万事万物发展演进之规律。而后，孔子及其门生宣扬人道，在演“易”的基础上进一步对《易经》做出补充和发展，形成以附录形式写于《易经》后的《易传》（也称为“十翼”），其中的思想观点从形而上的宇宙观到社会伦理教化等领域均有所覆及，以此将占断吉凶的占筮之术发展为表达儒家思想的哲学理论，建立了人文易哲学的思想体系。作为与孔子齐名的道家学派创始人老子，则将易学的哲学趣旨指向形而上学，其所创玄学中的辩证思想亦脱胎于易。先秦以降，历经自然思想、神道思想、人道思想的发展阶段，《周易》已被演化为兼具卦象符号、义理文本、占筮推理、伦理教化功能为一体的质朴实用的哲学典籍，尽管历代易学著说甚多、类别各异，但无不以先秦易学为纲目，或循卦象符号，或占筮术数，或义理文本，或几者兼有的脉络各自演绎丰富，而各演绎路径的共同目的指向，皆集中于对易学“生生之谓易”的生命哲学理念的阐发，其中所蕴藏与表达的原初辩证思想也是从天人共同感应的方向立论，故著者将对《周易》辩证逻辑的探讨主要集中于认识论、本体论与逻辑学关于生命理念的几个范畴之中。

第一节 “宇宙代数学”：从符号易到象术易的辩证易象观

认识论是人类在同周围客观世界发展各种关系的过程中不同知识、认识、思维、经验的概括和总结，逻辑的出现为正确运用合理形式开展这种概括和总结活动提供了一种科学的工具系统。受不同的生产力发展水平、自然环境、历史背景、文化禀赋等因素的影响，存在于不同国度民族中的逻辑形式也呈现出不同特点。中国古代逻辑形式自《周易》产生，其演进形式也应时代而变，但中国作为农耕为主的大陆国家，异域文化交往的普遍封闭以及社会生产方式的普遍单一，使得中国古代逻辑的演进在总体上自成系统，虽然就生命理念的逻辑目的指向上，古代逻辑的辩证思想以及其所体现出的推理形式与现代辩证逻辑具有很多相似之处，但这种“辩证”的具体形式是什么，其如何以一种“宇宙代数学”的“特有形式”反映中国古代辩证逻辑乃至传统文化的内在精神，却是需要进一步解释和说明的。

一、社会生产力的发展推动符号易到象术易的演变

（一）符号之易

唯物辩证法认为，生产实践是人类最基本的实践形式，人类实践之所以与动物不同，之所以能反过来推动社会生产力的发展，就在于人是把自然界作为实践对象和劳动工具。生产劳动是人脱离动物界的标志，也是人类通过实践创造对象世界，证明人是有意识的类存在物的必然路径，符号的运用表征着人类在对自然界这种能动的、积极的改造中所创造出的“人化的自然界”。《周易》八卦符号的创制就是华夏民族在早期生产实践过程中凝成的智慧结晶，也是“符号易”形成的开始。

符号的创制是人在对自然改造的现实活动中，由人脑能动创造的客观化了的主观的东西，表达了人类对自然界、对人本身以及对人与自然界之间有意识的能动关系的总结。八卦符号的创制也是如此，它的形成当然也离不开一定的客观物质条件和时代背景，并因此而获得与人类社会其他符号文明所不同的一种哲学意蕴与民族特征。八卦符号的创制始于前农业社会的畜牧时代，在那个社会生产方式即将从原始生产方式开始进化的时期，人利用符号所完成的不仅仅限于对直观事物的分类和描述，尽管没有考古方面的实物证明，但“我们绝不可以用原始人没有能力掌握诸事物的经验区别来解释神话世界的不稳定性。在这方面原始人常常证明比现代人更占优势：他对许多未被我们

注意的特别的方面非常敏感”①。以《系辞传》对伏羲氏观象画卦一段为例，“古者包牺氏之王天下也，仰则观象于天，俯则观法于地，观鸟兽之文与地之宜，近取诸身，远取诸物，于是始作八卦，以通神明之德，以类万物之情”②。可以看到，远古社会人类的“自然观既不是纯理论的，也不是纯实践的，而是交感的。如果我们没有抓住这一点，我们就不可能找到通往神话世界之路”③。八卦的画成所基于的，可能就是这种意识与实践的“交感”，如果表达卦象的基本符号“⚊”和“⚋”只来源于诸如日月、男女等某一具体物象，而不是作为万物“共相”的抽象表达，就无法达到“通神明之德，类万物之情”的创制目的。就基本符号的生成顺序而言，《系辞传》有云：“易有太极，是生两仪，两仪生四象，四象生八卦”④，能够呈现“太极”思想的“⚊”可以看作八卦成卦的最初形态以及后续演化的根本动力。学者金志友在其博士论文《易道基本符号系统研究》中认为，名为太极的易之道以数字符号“⚊”来建立，并且数字符号“⚊”既能个性化地对应表现为“一切具体现象”，同时“一切具体现象”也能回归本原共性化地由数字符号“⚊”来对应表达。他举例金湛东在《易学基本原理探巧》（中国书籍出版社2009年版）对《易龙图·太极篇章第二》的引用，“一即一切，一切即一”，指出一切现象之全息

① ［德］恩斯特·卡西尔．人论［M］．甘阳，译．上海：上海译文出版社，2013：138.

② 陈鼓应．周易今注今译［M］．北京：商务印书馆，2016：650.

③ ［德］恩斯特·卡西尔．人论［M］．甘阳，译．上海：上海译文出版社，2013：139.

④ 陈鼓应．周易今注今译［M］．北京：商务印书馆，2016：627.

整体是太极之象，“一即一切，一切即一”的“一”就是太极之象。

在中国哲学思想中，太极之“太”意为“至大”，太极之“极”意为“穷尽”，在易学体系中，太极乃创生万物、统摄万物的根本和动力源泉。远古人们所直接观察和感悟到的就是大自然春去秋来、寒暑冷热等“循环式”的律动规律，而符号“—”① 所要表达的，就是能够反映主导大自然运动的那个背后永恒的力量。由“易有太极，是生两仪”（《系辞传》）的表述可知，“太极”之意有资生万物的乾阳之意，“—”的爻象符号亦与阳爻相同，表明其内涵所指，如清儒戴震所言，太极动而生阳，动极而静，静而生阴。同时，“—”所表征的太极观不仅表征着一种一元论的本体思想，而且伴随其生化为“—”（阳仪）和“- -”（阴仪）两仪的运动，两仪之间也交替影响、相互作用、反复变动。在太极与两仪的关系中，太极“—”作为至大至纯的万物之源是唯一的、至高的，独立地处于第一层次的太极生两仪的运动是自身“否定”自身的运动，从符号意义上讲，作为太极的“—”在某种类似黑格尔所谓“自否定”的理念中衍生出“—”（阳仪），这一运动无疑构成宇宙万物生化发展的一大法则。两仪“—”和- -则是可做相对往复运动的一对地位平等的矛盾，处于被太极衍生而形成的第二层次，其中，凡能够表示动力、进取、刚健等属性的事

① 如《系辞传》所云，“易简而天下之理得矣。”远古华夏民族之所以用“—”这种至简的符号图示表达他们认为的主导宇宙万物运行的那个最为根本的动力，或许与远古人类所面对的简单的物质生产方式与社会交往活动有关，“—”的“一画开天地”既代表着华夏民族逻辑思维中崇尚简易的思维特征，也是社会生产力发展状况的符号直观，而表达太极的符号从简易的“—”发展到较为复杂的“☯”，则反映出人类逻辑思维的不断发展与日益成熟。

物被“⚊”（阳仪）指代，而能够表示顺从、包容、后退等属性的事物被⚋（阴仪）指代，二者之间的互动作用构成宇宙万物变动变化的另一大法则，是故“一阴一阳之谓道”（《系辞传》）。在两大法则的支配下，这几种力量的消长共同支配着万物的动与静、生与衰。

不过，尽管出现了作为模拟阴阳、动静等万物“共相”的两个形而上的符号，但在当时落后的生产力条件下，“⚊”和⚋就符号意义而言，也并不能说明早在远古社会人类就已经掌握了某种系统分析的逻辑能力，相反，“他们的生命观是综合的，不是分析的。生命没有被划分为类和亚类；它被看成是一个不中断的连续整体”①。而存在于各个生命类别中的差异并不明显，生命领域的一切转化都存在可能，“没有什么东西具有一种限定不变的静止形态……如果它有什么支配它的法则的话，那就是这种变形的法则”②。如现代人惊叹于石器时代远古人类绘画中所展现的惊人辨察力一样，远古人类所相信和崇拜的，是作为永恒的类的生命形式，即太极符号的“⚊”所表达的，它可以是某种具有宗教色彩的图腾，也可以包括他们自己作为个别的生命形式同其他生命体产生的“交感”③。由此，能够代表和表达这种“交感”的符号形式也相应被模拟出来，这种形式上更为复杂的模拟，

---

① ［德］恩斯特·卡西尔．人论［M］．甘阳，译．上海：上海译文出版社，2013：138.

② ［德］恩斯特·卡西尔．人论［M］．甘阳，译．上海：上海译文出版社，2013：138.

③ 如人种学家恩斯特·卡西尔说，一个印第安部落的某种图腾崇拜氏族的成员们断言，他们与他们由之衍生而来的那些动物是一回事：他们明确地宣称他们自己就是水栖动物或红鹦鹉。参见［德］恩斯特·卡西尔．人论［M］．甘阳，译．上海：上海译文出版社，2013：138.

在《周易》符号体系中是通过“⚊”和⚋的多种组合而建立的，它们被称为“四象”和“八卦”。爻象的符号化既表明对不断流变的万物的记述和象征，也是以此种记号方式表明对事物与事物之间存在关系的某种分类。

“四象”是阴阳两仪（“⚊”⚋）平行交错组合为四个新符号所生成的“象”，表示阴阳两仪同时作用于一个事物。《系辞传》云：“象者，像也。”从阴阳符号的新的组合来看，“四象”的创制确实能从较大范围上表示事物的形象，也使得阴阳两仪第一次在同一个符号形式中得到统一，两者共同表示和作用事物的内涵更为丰富、立体和显著，不过由于符号设定规模的限制，“四象”所呈现出的四个“象”，仍不能较为全面、形象地模拟更多的事物及其运动，如在对同种属性的强弱程度的表达方面，“四象”所解决的是简单形象上的“象”，而对更加细微和更加全面的“像”的模拟仍存在差距，无法满足“以类万物之情”的符号目的，这样一来，便有了“八卦”的出现。在“四象”的基础上增加一画阴阳（“⚊”⚋）所形成的象，就构成了“卦”，即八个画成三画的象，这八个象便是所谓的“八卦”符号，在后世这八种符号被命名为：乾☰、坤☷、震☳、巽☴、坎☵、离☲、艮☶、兑☱。在八卦的内部结构中，由于每一卦由作为奇数的三个阴阳仪组成，表明所表征的事物永远无法处于等量的平衡状态，存在于事物内部阴阳力量的此消彼长永不停息，二者在符号意义上的互动和组合不仅丰富、细微地反映了对形象事物的“共相”描述，更加直观地表达出远古人类以及被他们认为与他们同属同一生命类别的其他生命体，具有更高层次的逻辑思维和生命体验，而且隐喻了事物内部存在某种不安定、不平衡的动力因子，驱使着事物连续不断地向着更高阶段运动变化。不过，我们还应当清醒地认识到，远古人类借助于符号所表现的这种“交感”或体验，虽然具有不可忽视的文化价值和重要的哲学意义，但就其本质而言，仍然是处于自然状态下某种原始的“自在”活动，符号的模拟与演绎——这种“自在”状态下引起的人类思维活动的“自发”行为，如同远古人类“自觉”地将自身同一于自然界一样，只是早期人类试图在实践活动中“改造”自然和对“人化的自然界”进行表达、解释、总结的一种简单方式。这是因为，在前农业时代过渡到农耕时代的历史背景下，人对自身和自身生活的“类”的认识，还处于可能未达到但试图达到的状态，正如马克思所认为的，因为人是类的存在物，他才是有意识的存在物，也就是说，他自己的生活对他是对象。但在此之前，包括画卦在内的符号演绎，只是远古人类实践活动中感性的、直观的经验总结，这种总结并不在于将对象转变成思想和观念，而在于使平常的、看不见的东西可以看得见，也即对象化。而随着社会生产方式的转变，真正能够“能动”地反映客观事物并使用一种合乎逻辑的对象化表达形式，是在殷商时期的农业时代才出现的。

（二）象术之易

中华民族形成的大陆地区，地理、气候连接的整体与人类活动的历史皆有其所处大陆地域的特殊性。相较于欧洲文明的海洋发源历史而言，中华民族的生产方式历来依靠农业和土地，所形成的社会交往方式与思维方式也在一定程度上呈现出某种“农业”色彩，“寒往则暑来，暑往则寒来”，“日中则昃，月盈则食”（《系辞传》），影响农业生产的气候温度按照时空的变化以循环交替的方式发生，农业生产的现实需要使得每一个关于日月星辰、四季变化的直接启示都必须被记录和总结下来，并由此影响人们符号和意象思维的生成。“人的突出特征，人与众不同的标志，既不是他的形而上学本性，也不是他的物理本性，而是人的劳作”①，随着社会生产力的逐步发展，由畜牧到农耕的劳作方式和生产方式转变，为人智的进步提供了条件，而正是劳作方式所带来的这种人类活动的体系的改变，“规定和划定了人性的圆周。语言、神话、宗教、艺术、科学、历史，都是这个圆的组成部分和各个扇面”②。并且，“人的所有劳作都是在特定的历史和社会条件下产生的”③，相应地，组成人性“圆周”各个扇面的语言、神话、宗教等方面也因此具有自身特定的原则和内容。殷商时期作为早期华夏民族由游牧生产方式过渡到农耕方式的特殊时期，很大程度上承袭着远古人类对原始神秘力量和符号的信仰与依赖，不过，此时期的人也逐渐脱离远古状态下与万物“同一”的原始生命观，开始将人作为一种“类”的存在物，站在客体之外，对作为客体的“天地”“鬼神”崇拜信仰。这种精神上的信仰和依赖既是社会生产力仍然落后的客观反映，也因新的生产方式出现而呈现出新的符号特征：神话

---

① ［德］恩斯特·卡西尔．人论［M］．甘阳，译．上海：上海译文出版社，2013：115.

② ［德］恩斯特·卡西尔．人论［M］．甘阳，译．上海：上海译文出版社，2013：115.

③ ［德］恩斯特·卡西尔．人论［M］．甘阳，译．上海：上海译文出版社，2013：117.

符号形式的宗教化，表现为兴盛的“神道”思想与更新的符号阐释。社会现实中，表现为殷商时期人们对天地鬼神的信仰崇拜达到无以复加的状态，催生了占卜的发明及其符号形式的神化和宗教化。在此时代背景下，殷商时期由古代先贤发掘的八卦符号现实价值，又增演为六十四卦的“神道设教”，从而将古代政治与哲学、符号与文本首次统一起来。

周文王对八卦的重新演绎，既包含对其所处时代思想观念的哲学化总结，也有基于现实政治需要和社会生产条件的实用性考量。一方面，殷商时期占卜活动的规模之大和频率之高达到顶峰，人们对鬼神的信仰敬畏程度在《礼记·表记篇》中可见一斑，殷人尊神，率民以事神，先鬼而后礼，不仅全民尊神，君王也必须率民以事神。为了推翻殷纣王的残暴统治，周文王必须借助某种“神道”方式领导人心思想，以致改造社会整体思想风气，“是故圣人以通天下之志，以定天下之业，以断天下之疑”（《系辞传》）。这种改造的关键之举即对占卜之法的更新创制，其效果历经殷商覆灭，直至周朝得以体现，“周人尊礼尚施，事鬼敬神而远之，近人而忠焉”（《礼记·表记篇》），文王对八卦符号的重新演绎使“神道”逐渐走下神坛，为孔子及其门徒赞“易”以扬“人道”创造了思想条件。

另一方面，受制于骨卜的成本过大，占卜之法逐步改用以蓍草来替代的占筮①，“昔者圣人之作易，幽赞于神明而生蓍”（《说卦传》）。此种占卜工具的更替不仅带来了占卜方式的改变，也是对占卜符号设计乃至整个《周易》思想体系的一次大的改革。占筮新法应用之需要，促成文王重八卦并作卦爻辞：“兼三才而两之，故易六画而成卦，分阴分阳，迭用柔刚，故易六位而成章”（《说卦传》），一是以“重卦”形式将原本的八个卦演绎至六十四个卦，通过符号的重组演绎出新的卦象。“圣人设卦观象，系辞焉而明吉凶”（《系辞传》），二是通过对每一卦的描述和总结定下卦名、卦辞、爻辞，明确占断的结果与吉凶。“其称名也小，其取类也大，其旨远，其辞文，其言曲而中，其事肆而隐”（《系辞传》），三是规定占筮方式与各个卦象和卦爻辞的关系，以及如何应用这些卦、象、爻、辞。“系辞焉而命之，动在其中矣，吉凶悔吝生乎动者也”（《系辞传》），四是将人的行动或事物的发展变化作为验证占筮结果的方式，暗示占筮结果中隐含着某种“能动”的不确定因素。

社会生产方式的转变和现实的“人”的需要，推动了八卦符号向更为复杂逻辑系统发展的新的演绎，这一演绎方式从“象”的思维入手定“卦”，标志着自伏羲氏时期远古人类“感知观象”到农耕时期人们“符号立象”的思维变化，八卦所代表的经验的、感性的认识逐渐过渡到知性的、逻辑的认识，由于问卜工具和方式的更新，占筮的

① “筮的用途同于卜，毋宁说是一种新卜法，只是不用甲骨，而改用卦象和蓍草代替。卦象可以千古应用，而蓍草是一种植物的茎，在当时的周地，这种植物是非常普遍的，可轻易取得，无虞匮乏。”（参见高怀民．先秦易学史［M］．南宁：广西师范大学出版社，2007：70.）

整个过程进入符号推演和联想式思考阶段，“用同一符号可表达不同思想或用不同符号可表达同一个意义，这才是人类符号与动物信号的真正差别”①，符号所表征的乃是意义的多面性。因此，占筮这种方式所指向的结果的易变性和偶然性相应就需要依一定原则做出阐释方能被理解应用。“如果神话在所有各种图像和符号之下隐匿起了这种意义，那么把这种意义揭示出来就成了哲学的任务”②。如此，孔子及其后世学者以义理、象数等方式对文王所演六十四卦进行的解释注疏，在某种意义上就进入了哲学领域。

（三）数术之易

“易数非神物，实乃原始社会长期发展的观念产物，是经过无数推演而成的符号系统。”③ 占筮新法出现之后，《周易》逻辑思想的发展水平便有了新的提升，“数之用，乃倚筮术而兴”④，这是因为此时占筮演算所进行的一套程序，必须依照蓍草数量方能决定所成之卦，“数”的因素就成为自阴阳观念以外又一重要概念，所谓“极数知来谓之古，通变之谓事，阴阳不测之谓神”（《系辞传》）。

“人类是分类联想动物，数字符号的建立仍然依靠推类逻辑……在易数分类上，数字不再仅仅是数的归类……更重要的是通过数所表

① 徐瑞．周易符号学概论［M］．上海：上海科学技术文献出版社，2013：75.
② ［德］恩斯特·卡西尔．人论［M］．甘阳，译．上海：上海译文出版社，2013：124.
③ 徐瑞．周易符号学概论［M］．上海：上海科学技术文献出版社，2013：83.
④ 高怀民．先秦易学史［M］．桂林：广西师范大学出版社，2007：10.

现的事物属性。"[1] 孔子及其后世学者在《易传》中的描述表明，古代先哲已开始从本体论和认识论的视角审视"数"的哲学价值，他们把"数"同阴阳联系起来，视"阳"为单数，"阴"为偶数，"一二三四五都是产生五行的数字，六七八九十则是完成之数。这与古希腊哲学中毕达哥拉斯学派的思想惊人地相似"[2]。同时，以"数"为分类标准，作为认识万物以及推演其变化规律的方式："一是天地之数，即奇偶之数，二是大衍之数，即用蓍草演算之数，三是阴阳老少之数，即表示爻动的六、七、八、九四个数。"[3] 这些以数为新的推理符号的占筮方式，也促动着蕴藏于其中的新的辩证逻辑思维应运而生，即由量到质的符号象征，"每一种代数演算都以一个人掌握了某些固定的符号为前提，这些符号既代表数的演算，也代表这些演算所应用其上的那些量"[4]。

同时，"象数"[5] 不分的符号特征也是对《周易》重联系、重整体逻辑思维的体现。"象起于形，数起于质……天下之数出于理"（邵雍《皇极经世·观物外篇》），在此语境下，"象"是数的根据，"数"

① 徐瑞．周易符号学概论［M］．上海：上海科学技术文献出版社，2013：85.

② 冯友兰．中国哲学简史［M］．赵复三，译．北京：外语教学与研究出版社，2015：260.

③ 高怀民．先秦易学史［M］．桂林：广西师范大学出版社，2007：11.

④［德］恩斯特·卡西尔．人论［M］．甘阳，译．上海：上海译文出版社，2013：81.

⑤ 所谓象数，按照传统的理解可以从两个方面阐明。卦爻象有两种：一曰卦象，包括卦位，即八卦和六十四卦所象之时空位置关系；二曰爻象，即阴阳两爻所象之时空位置关系。数也有两种：一曰阴阳数，如奇数为阳数，偶数为阴数等；二曰爻数，即爻位，以爻之位次表明时位关系。（参见徐瑞．周易符号学概论［M］．上海：上海科学技术文献出版社，2013：96.）

是象的抽象，天地万物都能以“象”“数”来表示，两者之间的某种“互渗”的形式与内容关系使得“象数”必须同时出现，作为一个整体方能反映出事物的本质属性，因此，除《周易》因语言学上的象征隐喻带来的理解晦涩之外，“象数”所表征概念的混沌性可能也成为缘由之一。此外，“象数”的另一个重要作用还表现为对类的推理演绎，以严复所言“案大易所言之时、德、位皆品也，而八卦、六爻所画、所重皆数也。其品之变依乎其数，故即数推品，而有以通神明之德，类万物之情。此易道所以为外籀之学也（严复用‘外籀’以指演绎推理方法）”①。数在《周易》中的内涵不仅离不开象的指向，而且与所推理演绎出的现实的存在保持着紧密联系，仅仅作为表达和解释万物运动的一种工具，而相应的情况在西方传统思维中表现相异，在古希腊，毕达哥拉斯学派和柏拉图都注意到，演绎推理所得的结果跟观察的结果或归纳推理的结果往往符合。他们无法用别的方法去说明这种符合，于是就认为，数学乃是对于自然界和宇宙中内在的终极、永恒的实在的研究。他们对数学原理的认识，必定先于任何经验的确切解释。毕达哥拉斯有一句名言：“万物皆数。”② 正是缘起古希腊的“数”所表征的某种形式逻辑倾向，直至近代数理逻辑仍然被视为传统逻辑学的主流，学者何新认为，“20世纪以来，逻辑学中最大偏见就是认为数学就是逻辑，而逻辑就是数学哲学”③，这是因为“数理逻辑区分了纯粹符号逻辑与概念之间的关系，并建立了关于无意义句法

① 徐瑞. 周易符号学概论［M］. 上海：上海科学技术文献出版社，2013：99.
② 何新. 哲学思考（上册）［M］. 北京：时事出版社，2010：35.
③ 何新. 哲学思考（上册）［M］. 北京：时事出版社，2010：29.

的纯粹符号逻辑"①。而作为数理逻辑的进一步深入——逻辑实证主义，更在一定程度上否定了关于抽象论题探讨的形而上学，在黑格尔辩证哲学创立之前，并未使哲学意义上的矛盾消解变得更加简单。相反，《周易》象数的使用则在一定意义上大大弥补了"书不尽意""数不尽意"的概念短板，立体多维地将人类思维的符号世界、感性经验世界和客观理性有机统一起来，虽然在呈现方式上存在一定模糊甚至混沌的状态，但这也给人类思维拓展的能动性提供了空间。

总的来说，符号易到象数易演变的历史过程既是辩证易象观的形成过程，也是中华民族集体智慧凝结彰显的发展进程。《周易》符号的创造至定型，经过了漫长的由具象—抽象—意象—数象，直至《周易》符号系统的观念发展轨迹。或者说经历了一个由现象学—本体论—认识论—价值论的与中国哲学的宇宙生成论的"天人性命贯通之学"过程。② 辩证易象观所表征的明显早于西方演绎逻辑符号体系的思维水平，引领中华民族较早进入世界先进文化行列之中。

二、在符号推理中形成的易象观何以辩证

如前所述，易象观的形成既是由符号记述到象数占筮的一系列历史事件，也是易学逻辑趋于完善的思维过程，这个过程本身既呈现出一种推演推理的符号逻辑形态，同时也是一个又一个新生事物不断

---

① 何新．哲学思考（上册）［M］．北京：时事出版社，2010：29.

② 徐瑞．周易符号学概论［M］．上海：上海科学技术文献出版社，2013：99.

"否定"产生它的那个"前者"，向更高层次、更丰富内容不断演化的进程。如吴克峰教授所言："易学逻辑是以太极、阴阳、五行、八卦等为符号内容的逻辑推理系统，就《周易》而言，它以数的形式对世界进行了探讨，是关于客观物质世界的象数符号系统。"① 不过，以符号为内容的推理推类又如何表达辩证思想、表达何种辩证思想，甚至辩证思想本身在中西语境中又有何区别，都是涉及面广泛的宏大问题，著者在此无意做面面俱到的论证，仅以"符号""推类""辩证"为关键进行重点梳理、分析，论证《周易》易象观所代表的符号体系之中确实包涵一种中华传统文化特有的辩证思想。②

卢央认为，"中国传统文化思维的根本目标是宇宙天地间一切事物与人的关系。《系辞传》所言'易与天地准，故能弥纶天地之道'的思维目标，必然要将宇宙间的一切做出适当分类"③，即"方以类聚，物以群分"（《系辞传》）。在吴克峰教授看来，"阴阳、五行、八卦这一套易学的推演体系，说到底是在类与类之间进行的。以卦象为例，《周易》中并不涉及西方逻辑之概念，但卦象是对它所代表的那

① 吴克峰．易学逻辑研究［M］．北京：人民出版社，2005：47.

② 基于不同语境以及中西方对于辩证概念的不同理解，著者认为在符号的辩证表征方面，不应以"先入为主"的思想对辩证法草率下一定义，而应首先对中国式的辩证思想从符号角度做出必要的描述和阐释。田辰山认为，当西方的"辩证法"版本同建立在包括"道""阴阳""通变"等观念基础之上的互系思维方式进入对话时，它就必然经历一个被重新阐述的过程，其结果是形成一个被转换、呼唤"相反相成"那种意义版本的形式。如果我们说"阴阳的关系是相反相成的"，也就是说它们是辩证的，因为"相反相成"与"辩证"在这里表述的是相同的意思，都说的是"相反的东西具有同一性"。因此，"辩证法"已不是什么可以用简单的定义去理解的东西，它甚至是不可定义的。（参见［美］田辰山．中国辩证法——从《易经》到马克思主义［M］．萧延中，译．北京：中国人民大学出版社，2016：14.）

③ 吴克峰．易学逻辑研究［M］．北京：人民出版社，2005：2.

一类事物的总结与概括却是无疑的。每一个卦象都是一个类的概念符号"①。在对逻辑问题的探讨中，何新则将分类与类的推演引入辩证法领域，他认为，"在分类和概念的形成上，传统逻辑认为概念来自人类意识的主观分类。概括某些事物的共同点，加以抽象，形成一类事物的概念，即命名，例如植物/动物/人类"②。在这一点上，《周易》在语言学层面所表达的类的划分和判断似乎在一定程度上属于传统逻辑思维的主观分类。比如乾卦之"乾"，其基本属性为"健"，代表刚健积极的创造力，在自然界可以指"天"，在家庭中可以指"父"，在身体上可以指"首"，其衍生内涵也包括圆、君、金等，都是跨越种属和时空，由人根据感性经验和主观判断做出的分类。但在符号层面，《周易》符号体系所能驾驭的概念，却能"范围天地之化而不过，曲成万物而不遗"，达到"其称名也小，其取类也大"之境界，以取类之法完成符号抽象。③"而黑格尔的逻辑则认为这些类群是在生物演变中自我区分（异化）和抽象出来的。演变就是一个自我分类的过程。人的意识，只是用符号去模拟和记录这一过程的产物，这就是客观概念的形成过程。所以黑格尔的哲学也包含了认识论。黑格尔将这种新型逻辑系统称为'思辨逻辑'，是一种动态的历史逻辑，演化的逻辑。"④ 那么，《周易》是否也内含此种"自我区分（异化）"的动态思辨逻辑呢？答案应该是肯定的，但其体现方式不是在语言层面，而

① 吴克峰. 易学逻辑研究 [M]. 北京：人民出版社，2005：62-68.
② 何新. 哲学思考（上册）[M]. 北京：时事出版社，2010：18.
③ 徐瑞. 周易符号学概论 [M]. 上海：上海科学技术文献出版社，2013：152.
④ 何新. 哲学思考（上册）[M]. 北京：时事出版社，2010：18.

是符号层面。

（一）太极观

与阴阳、八卦符号一样，太极符号“☯”① 所表示的乃是一种“意指”②，但此种意指因其特有的“符号形式”③ 而呈现出不同的内涵。一是形式层面。黑白两种同形不同向的符号融为一体，白色图案中容纳黑色圆圈，黑色图案中容纳白色圆圈，以一种“焦点—域境”(focus－field)④ 关系呈现，黑白图案的确定不是据于自身所谓的“黑”或“白”，而是在太极整体图示形态下所呈现的一体性的状态。两色图案作为范畴而言，也仅是限定了自己的特殊域境，而黑白圆圈作为在彼此特殊域境之中存在的异质的“焦点”，却“构成那个作为

---

① 此处阴阳鱼“☯”的通用太极符号与前文所述阳仪符号“⚊”在一定意义上具有相同指代内涵，只是它所体现的逻辑思维更为丰富、生动。阴阳鱼图示表示宇宙由先天的混沌状态到阴阳分立的清晰状态，S 形曲线则在阴阳万物这一客观存在的总体中，反映着生命万物内部发生、发展和变化的矛盾对立统一的辩证思想。“☯”的出现历史较晚，其图示兼具丰富的易学与道家思想内涵。如《道德经》所云：“道生一，一生二，二生三，三生万物，万物负阴而抱阳，冲气以为和。”这里的“一”是指太极，“二”是指阴阳，“三”是阴阳二气所相互作用而形成的“和气”，阴阳鱼图示形象地表达出负阴而抱阳，阴阳相摩相荡、相感相生的意蕴。

② “意指”是一个符号语言学上的专有词语，表示语言符号与该符号所要表达的意义的同一。

③ 根据徐瑞博士的考察，“符号”一词在使用事实中一般代表的是“符号形式”，符号形式是由物质体构成的可以感觉的对象，而符号内容则未必能直接感受到。故，符号形式可以代表符号整体内容，相反，符号内容代替符号整体就难以概全。（参见徐瑞．周易符号学概论［M］．上海：上海科学技术文献出版社，2013：46.）

④ 田辰山将“焦点—域境”理论解释为，每一事物都是作为“此特殊焦点”对待，并以其为出发角度，沟通为一体之万物。至于一体，它是定焦于全部的一体。一体本身不是别的，只是就众多特殊焦点的全部范畴而言，任何一范畴自己限定自己，也限定自己的特殊领域。（参见［美］田辰山．中国辩证法——从《易经》到马克思主义［M］．萧延中，译．北京：中国人民大学出版社，2016：14.）

域境的环境，也被那个作为域境的环境所构成”，图示所展示的在一个特殊域境中能够存在异质焦点的现象表明，太极图示所阐释的是不间断和连续，是不可分，是焦点的域境化，是在整体中做出的分类，是不同于西方一系列绝对概念原则的宇宙观，由此，太极符号形式的巨大“融通”内涵远远超出了其符号内容，从“焦点”到“域境”的“辩证统一”或“矛盾的对立统一”可被理解为相互依赖的事物之间共存、互变、相反相成抑或内含同一质素，等等。① “从这个角度来讲，符号必须有‘空’性。拘泥符号内容，必然缺失符号精神的灵动，与编制符号的初衷相去甚远”。② 二是结构层面。事物的结构表现为如何完成对类的划分，在太极符号的图示中，类的划分由黑白两条“阴阳鱼”表示，但从结构上看，两个有所区别的图形是一体的，是以一个相反相成的“同类”形式呈现，阴阳两种类型在意指的过程中以一种类似“游动”的能动姿态出现，彼此配合互动形成一个符号整体，表现为一种“一元”状态下的本体论观念。在这一点上，“由于不存在西方式的二元论，它所设置的某些原则与这些原则决定下的一切事物之间的本体性分离也就不存在……它以互系性将宇宙秩序哲学化并对它进行阐释”③。三是精神层面。太极符号强调的是一种能动的变化，而这种变化的一大特点就是“生生之谓易”的变化着的延续，其内在的两种理念可概括为：“延续本身永远包含动、变、偶对性、

① ［美］田辰山．中国辩证法——从《易经》到马克思主义［M］．萧延中，译．北京：中国人民大学出版社，2016：14－15.

② 徐瑞．周易符号学概论［M］．上海：上海科学技术文献出版社，2013：46.

③ ［美］田辰山．中国辩证法——从《易经》到马克思主义［M］．萧延中，译．北京：中国人民大学出版社，2016：11.

过程性、事件性。变化是‘互系’① 偶对性中的互动体现。相反，互动本身也是互系性和延续性的体现”②。其中，阴阳鱼符号彼此首尾交互与相反相成，展现了不同类的差异物“能动”地向另一物发展，并努力成为彼此的冲动，充满差异的两类事物在一个圆的整体中保持着内在的“同一”和外在的“统一”，呈现一种“互通”的变化态势。同时，作为八卦符号的太极是以“⚊”的形式出现的，这一符号与表示阳仪“⚊”的符号相同，此相同并非偶然，其所要表达的内涵如前所述，即作为太极的“⚊”在自我分类、自我分化的所谓黑格尔辩证法的“自否定”理念中，对作为阳仪“⚊”的新的衍生，而此阳仪同时又可被视为新的太极，不断地自我分类、衍生。这一运动无疑也是构成宇宙万物生化发展的另一重要法则。

（二）阴阳观

在出现时序上，符号阳“⚊”早于符号阴⚋，一方面，这两种符号所象征的因子所构成的互动关系，永远驱动着宇宙中一切事物处于恒常的变化运动状态。与此同时，运动变化中所生成的新的动因“⚊”，又包涵太极本身所固有的自我分类、推演之属性，连同与它成

① 学者田辰山认为，也许“互系”可以作为英语“correlativity”一词的贴近翻译。它油然带给人们一种二物相系不离的意象。这一意象是表示“通一变”的一种类喻方法。这种意象是在二偶物各向其对方贯通而去的任何类比物事中显现出来的。互系永远应看成是包含二偶物事各自向其对方的变化。（［美］田辰山．中国辩证法——从《易经》到马克思主义［M］．萧延中，译．北京：中国人民大学出版社，2016：24.）

② ［美］田辰山．中国辩证法——从《易经》到马克思主义［M］．萧延中，译．北京：中国人民大学出版社，2016：23.

互动关系作用的--一起，同时在两种维度中不断运动，以此为基点勾勒出事物未来发展变化的轨迹，即现在发生的情形的走向依赖于过去曾发生的情形。这便是《易经》在认识上的途径，故“夫易，彰往而察来，而微显阐幽”（《系辞传》）。①

在相互关系上，《易经》中存在的阴--、阳“—”符号的互动关系表明，“事物之间既相互区别又互相依赖、互相渗透的两体偶对性，致使任何事物内部或一切事物之间均呈现相反相成的关系”②。在学者田辰山看来，阴阳符号所表征的阴阳“互系”关系可以表现为多方式和多范畴。其中，“互系”方式可以是任何量度的，或松散或紧密，如“阳卦多阴，阴卦多阳”，或连续或相通，如“山泽通气”。③ 由此可知，阴阳符号及其互动关系的阐释，都是基于对阴阳事物“类”的判断和划分，并以此为根据推理出来，所谓“生生之谓易”，包含着相反相成互动作用意义上的派生创新，即“阴—阳”作为对立面是紧密联系着的；一方依赖另一方而成为自己，一方包含另一方的内在种因，同时也是基于人的思维判断所进行的推类推理活动，正因如此，阴阳符号作为对类的划分和对范畴的勾连，实则打破了语言、时空和物质界限之间的壁垒，通过对范畴的互系和沟通，完成了对“一阴一阳之谓道”辩证思想的现实证明。

---

① ［美］田辰山．中国辩证法——从《易经》到马克思主义［M］．萧延中，译．北京：中国人民大学出版社，2016：13.

② ［美］田辰山．中国辩证法——从《易经》到马克思主义［M］．萧延中，译．北京：中国人民大学出版社，2016：12.

③ ［美］田辰山．中国辩证法——从《易经》到马克思主义［M］．萧延中，译．北京：中国人民大学出版社，2016：25 – 26.

（三）卦与卦之辩证观

《周易》六十四卦呈现一种互系性的偶对关系，并以此可划分为三十二组对卦，每一组对卦都是阴阳思想在卦中的延续。以剥卦（上艮☶下坤☷）和复卦（上坤☷下震☳）这一组对卦为例，从文意上看，剥卦之“剥”《说文》中为“裂也”，朱熹云：“剥，落也。”剥卦内含剥落、削弱之意。《彖传》曰：“剥，柔变刚也。”《杂卦传》云：“剥，烂也。”而复卦之“复”，《说文》云：“返、还也。”《杂卦传》云：“复，反也。”《彖传》曰：“复，亨，刚反。”剥与复各自代表一种相反相成力量的运动轨迹，以及刚柔状态的互系，实质上是阴阳关系在卦与卦之中的具体体现，同时，这种阴阳消长、转化、通变的关系也表现在卦象和爻象中。

从卦象上看，剥卦中阳爻处在最上方位置，五个阴爻居下，阴爻不断向上发展，阳爻定会被五个阴爻代替、剥落，而复卦之生源于剥卦，被剥落的阳爻又将从最初的爻位生出，成为复卦之初九，所谓“一阳来复”。如《序卦传》举例所示，“物不可以终尽剥，穷上反下，故受之以复”，每一组对卦中，处于时序之先的卦过渡到下一顺序的卦，呈现出某种“物极必反”的因果时序，又如“物不可以终难，故受之以解。解者，缓也”等等，此种“阴极成阳”的符号表现通过阴阳爻位置的变动呈现。

同时，爻动的过程也显示出一定的时空性和量变感，剥卦与复卦之中，阴阳爻彼此的爻的消减引起对方的增长，而当消减与增长达到一定程度（如一阳爻被推进到上九位置时），一方盈满而另一方盈虚，势必导致整个卦象的改变和重构，使得本卦朝其对立方向转化并形成对卦。清代李光地将这种存在于卦与卦之间的阴阳关系概括为交易和变易。交易者，阴中有阳，阳中有阴，互藏其宅者也。变易者，阴极成阳，阳极而阴，互为其根者也。互藏其宅，故其情相求而相须。互为其根，故其道相生而相济。其中“交易”“变易”即矛盾的双方互为彼此并相互转化，既对立又统一，既相生又斗争，但本质上又具有某种同一性，也就是作为一对矛盾的阴阳爻之间的同一性。

除此之外，对卦之间虽然呈现出阴阳偶对互系的成辅关系，但并不意味着在一个历史时序中，已经生成的卦会倒退回引起其生成的那个本卦，在六十四卦的卦序关系上，阴阳作用产生的矛盾动力只能推动卦的向前转化而非倒退，因为作为源动力的太极仍然存在，它的不断分类、不断自我演化的本质属性不可能要求其同时做出相反运动。如方孔炤《时论合编凡例》：“易故自碎其太极以为物物之卦爻。”所谓“自碎”，即六十四卦由乾卦始，自己把自己打碎，也就是自己排斥自己，使自己一分为二。是则一自碎其一而为二，即产生一个新的“一”，新的“一”又自碎产生另一个新的“一”，如此继续发展，至既济卦而止，又自未济卦而生。① 而至于六十四卦为何被视为一种“循环往复”的“不发展”状态（类似于黑格尔所谓的“坏的无限”问题），关涉人们对《周易》中卦爻符号指代、象征、分类的模糊认识与解读，著者将在下一节论述中进行说明。

---

① 王章陵．周易思辨哲学（下）［M］．济南：齐鲁书社，2007：496.

（四）卦与爻之辩证观

卦与爻的关系是阴阳符号在时空中的新的变化和演绎，《系辞传》云："六爻相杂，唯其时物也。"对于卦而言，一个卦中的基本组成因素是爻，爻的变化、走向、动静直接决定了卦的意义和变动。其中，卦之初爻代表全卦的基础，上爻则表示事物发展之顶峰，其余各爻功能均有所指，《系辞传》云，"二与四，同功而异位，其善不同，二多誉，四多惧，近也……三与五，同功而异位，三多凶，五多功，贵贱之等也"。《易纬·乾凿度》则以更加拟人化的描述解释爻位的空间内涵，从初爻至上爻依次为"元士""大夫""公""侯""天子""宗庙"。对于爻而言，它自身的属性以及关于类的指代已经由卦象和卦名做出了规定，其动静变化因此充满时空意义。如"先否后喜"（《否卦·上九》）、"贞吉，悔亡，震用伐鬼方。三年有赏于大国。"（《未济卦·九四》）等卦爻辞都引入了时间空间意义，并以时空为坐标嵌入所要说明的"问题"或"事件"，使整个卦爻辞遵循卦名的规定演进。

此外，卦与爻时空上的逻辑关系也是对因果关系的说明，始终、先后、本末、前后等反映爻位、爻义的辞的表述，均是时空意义上关于逻辑关系的阐明，故"其初难知，其上易知，本末也"（《系辞传》）。综上所述可知，卦与爻的互动互通关系使得阴阳变化之道有了更为广阔的时空内涵。从外部性看，爻动卦变，卦变爻动，卦与爻互相依赖彼此而存在，阴阳成爻，爻组成卦，卦以类为分推演表征万物；从内部性看，如果卦呈现的是太极符号中的某种"域境"，那么各爻所要表达的就是其中的“焦点”，卦与爻在同一个整体本身中同时也发生着对立转化、相辅相成的阴阳互动关系。

（五）爻与爻之辩证观

在关于爻的结构问题上，徐瑞博士认为，作为符号的爻象，须通过记号关系把事物的存在关系分类。① 爻与爻之间的关系体现在一个卦中各爻的位置上，他引述符号语言学者索绪尔的观点，“符号通过其相对应位置而不是内在价值发挥作用”，并指出，在《周易》卦象符号体系中，爻的位置正是这一观点的具体体现，如在六十四卦中的任一个卦中，五爻总是处于“九五之尊”的尊位，二爻和五爻因其“既中且正”常常被赋以吉兆意义，此即二者同一、三、四、六爻之位置差别以及阴阳意指所体现的价值差别。爻位及其在整个卦中的互动关系将价值问题引入，实则是通过符号特点表征阴阳关系的价值化、拟人化，符号价值差别的出现代表了人脑分类中的主观判断，而这种判断所依据的是人的经验世界的感性经历与理性分析后的综合，换言之，是阴阳互系的辩证思想关于价值判断层面具体化、具象化的解读。在一个卦中，“主爻决定着该卦的性质。作为符号所指，六十四卦是一个大的符号集合，每一卦是一个分支的符号集合。每个爻符都不是一个能孤立存在的事物。只有记号与记号之间产生相互运动的比较关系，才有符号的结构空间变化。”② 因此，阴阳互系互动的抽象

① 徐瑞．周易符号学概论［M］．上海：上海科学技术文献出版社，2013：118.
② 徐瑞．周易符号学概论［M］．上海：上海科学技术文献出版社，2013：122.

概念被具体化为更为丰富的符号形式，既包含主要矛盾（或矛盾的主要方面）与其他矛盾（或矛盾的其他方面）之间的互动关系，又使这种关系充满时空感和位置感，使之被赋予拟人化的价值内涵。通过爻与爻之间的作用和关系，一个卦中可以形成至少“中、正、承、乘、应、比”几种辩证内涵，以此“通神明之德，类万物之情”①。此六字所言位置与价值的类比联系各有所指：“中”即二爻、五爻所处之中位，象征所谓“中道”之观念，故有“二爻多誉”“五爻多功”（《系辞传》）的价值判断。“正”乃阴阳爻是否当位或失位之喻，强调代表阴数的阴爻应处于二、四、六的阴位，代表阳数的阳爻应处于一、三、五的阳位，是各就其位不逾矩的象征。“承”“乘”“比”是指相邻爻之间是否存在某种或承载或凌驾或比附的关系，阴阳性质相异的爻之间的这种关系，因是否符合阴阳各自“柔”“刚”的本质属性而在爻辞中做吉凶指向。“应”乃爻位相隔三爻的两爻之间的关系，若此两爻阴阳性质相异则互为“照应”，多代表吉兆，反之则多为不利。② 由此可见，爻位以及其变动直接象征着阴阳关系的辩证消长，故有“道有变动，故曰爻”（《系辞传》）之判断，以此为据，向外推类、推理于客观世界，则“爻也者，效天下之动者也”（《系辞传》）之思想，若向内推，则可引入价值判断，即“八卦以象告，爻彖以情言，刚柔杂居而吉凶可见矣”（《系辞传》），爻与爻之间的辩证关系将《周易》的符号内涵引向对主体与客体、主观与客观关系的理念场域，

① 陈鼓应．周易今注今译［M］．北京：商务印书馆，2016：650.

② 徐瑞．周易符号学概论［M］．上海：上海科学技术文献出版社，2013：123－127.

生动、鲜活地展示了不同时空状态中事物运动发展的规律性特征。

总的来说，从符号易演化至象数易的历史进程，不仅向人们展示了《周易》这一古老经典的符号与文本形态的演变，也象征着以古代先哲为代表的中华民族思维形态的转变，此中所形成的辩证易象观涵盖太极观、阴阳观以及由此而生成的卦与卦、卦与爻、爻与爻之间的辩证互系观，旨在以符号为内容和方式，展示人对事物发展变化规律性认识的归纳总结，是中华优秀传统文化生生不息、创生延续的重要载体，表征着不同时空中《周易》符号内涵与符号价值的特殊性与具体性。应当看到，辩证易象观的形成不是历史进程的“自发”结果，而是在一定社会生产力条件下，中华民族历代先哲志士“自觉”总结演绎的集体智慧结晶，其承载着先秦以降历代中国传统文化不断的发展延续，为“天人合一”“阴阳辩证”等思维模式的形成创造了条件，是中华传统文化特有的辩证思想之所以“特有”的根本依据。下面，著者将以所述辩证易象观为依据，从文本视角集中论述自孔子以来儒家、道家以及后世学者关于《周易》的观点，在此基础上总结归纳以“格物致知学”为表征的教化易理观，力求从文本思想层面阐释《周易》中富含的生命理念及其辩证思想。

第二节　“格物致知学”：从易传到易学的教化易理观

如果说黑格尔辩证哲学所内蕴的是建立在神学本体论宇宙观之上的形而上学假设，那么相对于其独立生成的中国辩证哲学则是基于自然主义的教化性实践观念。前者所追求的是独立的人不断完成对已知事物、对自身的否定与超越，在一定范式中建立理念的现实王国，后者则是以《周易》中历代哲人的诠释、体验、经验为根据形成的观念，期许的是在“变易”“融通”中的“格物致知”，达到与客观世界之“物”的和谐互动，它的主体是与自然存在广泛、密切联系的“合一”的人，所基于的是现实的鲜活的生命形式以及教化性的实践方式，以此为路径，中国辩证哲学于生生不息的自然宇宙观中实现了对感性世界交往秩序的确立。

由此，中国辩证哲学所外化的“经世致用”思想深入每一个中国人的思维观念，“生生之谓易”的生命理念与“格物致知学”的实践观念统一于具体人的日常生活交往中，一方面反对抽象空洞的逻辑性探讨，一方面促动人在“通变”中寻求为人处世之道。这种整体性、联系性、实用性极强的思维方式源于《周易》辩证思想经久不衰的时空浸染与经验总结，虽在一定程度上限制了理性逻辑的具体化、精细化延展，但却从实践层面赋予生命理性更为广阔的体验空间，并在此基础上归纳形成了教化的易理观。从儒门易到义理易的历史发展进程代表了易理观辩证思想的不断丰富、成熟，也是推动这一辩证思想在现实社会生活中发挥“教化”价值的重要展示。

一、贯通于易传到易学的辩证思想

《周易》辩证思想的内涵广阔而庞杂，由于其建构于以符号为特征的易象观基础之上，且多以具体事物之类比形式出现，故不同于西方抽象而确定的逻辑分析，需要从历史演进的各家思想观点中整合提取以做现代性阐释。在语义学层面的“辩证”概念虽不见于《周易》文本，但自古汉语中就已有使用，对其进行阐释是对《周易》辩证思想进行历史梳理和归纳的首要环节。

（一）关于“辩证”“辩证法”概念的比较性解读

西方语境下“辩证”一词极少作为概念单独使用，而是引入思维方法的理论场域形成了“辩证法”的概念和内容。辞书解释认为：与形而上学相对立的思维方法即辩证法的定义。在古希腊，“辩证法”一词最初来源于人们在辩论对话中试图克服语言中的矛盾并获得真理。① 辩证法在古希腊更多的是作为一种语言方法，被视为谈话和辩论的艺术。逻辑的词源也就是“逻格斯”，这一术语在希腊语里也指“言语”“规律”和“含义”。② 作为逻辑学的辩证法也叫作辩证逻辑，是指研究反映客观世界的辩证发展过程的人类思维的形态，即关于辩证思维的形式、规律和方法的科学。③ 从辞书的定义可见，在传统知识论的话语范畴中，辩证法被普遍的理论体系和知识结构规定着，当辩证思维需要结合具体事物和现实语境时，就需要通过克服语言矛盾方能展开。与此同时，西方语境中关于“辩证”和“辩证法”概念的

---

① 许征帆．马克思主义词典［M］．长春：吉林大学出版社，1987：1309.
② 何新．哲学思考（上册）［M］．北京：时事出版社，2010：232.
③ 本书编写组．哲学大辞典·逻辑学卷［M］．上海：上海辞书出版社，1988：534.

形成也经历了漫长的发展历史,[①] 在此过程中，西方辩证法思想的成熟是在各历史时期哲学家辩证思想不断聚合基础之上逐步形成的：赫拉克利特发明关于矛盾本体的辩证法，芝诺创造了归谬论证的辩证法，而苏格拉底和柏拉图所代表的思辨意义上的辩证法，则是以反诘和矛盾辩证形式出现的。[②] 古希腊辩证哲学的智慧经验在黑格尔辩证哲学那里得到了升华，黑格尔第一次在普遍联系和发展的视角下定义和使用辩证法概念，认为辩证是一种理念运动的历史的理性形式，从而结束了概念本身同现实世界之间的对立，将西方语境下的辩证法发展至新的理论高度。

有学者认为，“辩证”一词在中国古代典籍中已有使用，《新唐书·钱徽传》中见“苟无愧于心，安事辨证邪”，此处的“辨证”是“辨别论定是非”之意，表达辨别与证明的相关类比关系，是同“辩证”同义的语词代替，如同所有中国的字汇或观念一样，“辩证”的意义是通过事物或相关的类比关系引申出来的，引申所代表的发生机制不同于西方概念演绎的抽象呈现，其进行方式是具体的意象式的关

---

① 古希腊哲学家在直观地观察外界事物时开始有朴素的辩证思想，自发地进行辩证思维。古希腊哲学家芝诺已经接触到运动是矛盾及其如何通过概念来表达运动及其矛盾的问题。柏拉图最早提出了概念的辩证法问题，即辩证的考察概念、范畴之间的区别、联系和转化的问题。亚里士多德在创立形式逻辑的同时，还提出了一些辩证思维的范畴。15 世纪以后形而上学思维方式盛行，直到 18 世纪末和 19 世纪初，以康德，尤其黑格尔为代表的德国古典哲学家对辩证思维进行系统探讨，将西方辩证法和辩证逻辑发展至最高境界（参见本书编写组．哲学大辞典·逻辑学卷[M]．上海：上海辞书出版社，1988：534.）

② 何新．哲学思考（上册）[M]．北京：时事出版社，2010：200.

联，即一种充满能动的主体感性经验的具体的意象性表达。① 通过对“辨”与“辩”的考察，学者田辰山认为，中国古汉语在对过程描述方面尤显注重，他认为“辩证”之“辩”不仅在一定范围内包含有西方哲学语境中“辩”（dialectics）的语词意义，如论争、辩论、论战、论证、巧言等，同时兼具自身独立的内涵，它不是指辩论者的头脑状态与问题的真切事实之间的沟通，而是基于变化着的情势而获得的明确性。可见，古汉语语境下的“辩证”因作为主体的人对“情势变化”的理解不同而展现出更多的可能性和主观能动性。② 最能体现此种辩证观的具体的意象性表达莫过于中医学中的“辨证”医治概念，在中医的学科体系中，“辨证”原则的使用贯穿于所有门类与不同症候，其基于的是整体的、关联的方法论，同时又遵循发病时间、环境差异、个人体质等“情势变化”，整个原则是置于一定的时空观而应用的，它不是一种概念假设或孤立的先验性原则，而是通过（作为医生的）人的能动的望闻问切，根据具体情势的变化开展的现实行动，即“在一个焦点与它的延续性境域之中，获得对这一焦点的明确性”的太极思想。③

“dialectics”作为对辩证法一词的英文翻译，最早由日本使用并被纳入汉语体系，在对引入“辩证法”一词之后的概念的解读中，中国

---

① ［美］田辰山．中国辩证法——从《易经》到马克思主义［M］．萧延中，译．北京：中国人民大学出版社，2016：65－66.

② ［美］田辰山．中国辩证法——从《易经》到马克思主义［M］．萧延中，译．北京：中国人民大学出版社，2016：66.

③ ［美］田辰山．中国辩证法——从《易经》到马克思主义［M］．萧延中，译．北京：中国人民大学出版社，2016：67.

学者首先发现了中西语境下辩证法所要表达的不同内涵。蔡元培认为："彼之辩证法，所以明吾人总念之变化者也。彼以为进化生于冲突，自无机界进化而为植物，为动物，以至为人，无一不然。摄力之与抵力也，静之与动也，有之与无也，盖触处无非矛盾者。"① 蔡氏的阐述中，"矛盾"并非作为一组对立事物呈现，如学者田辰山所言，"矛盾是另外两个汉字的配合，经常被认为是西语 contradiction 的同义词，这是一个重大误解。矛盾是从通变角度、以意象簇和特定具体事物加以解释的概念，即它是像阴—阳那样的两个基本方面或偶对的概念"②。"动静""有无"同"矛盾"所要表达的内容一样，本质上都是对偶对事物之间相互转化、相辅相成的一种类比，不同于西方哲学（尤其是黑格尔辩证哲学之前的辩证法），这种所谓的偶对物之间的"冲突"不是对立状态下的冲突，而是在时空秩序中同一范畴内的相异元素走向融合、彼此互为对方存在条件的"冲突"，即事物的进化。并且，在同一个范畴中展开的"矛盾"也并未超越人脑的反映和把握，"明吾人总念之变化者"之中的矛盾，既不是先验的凌驾于客观世界之上，也没有仅仅作为主观判断任意设定，其表达的是人们对一个更高的一致性的逻辑的解读，"这一逻辑设定和完成一种在生成的整体之中的对立统一、差异而和解的合成（无论它是审美的、能动的

① ［美］田辰山．中国辩证法——从《易经》到马克思主义［M］．萧延中，译．北京：中国人民大学出版社，2016：75.
② ［美］田辰山．中国辩证法——从《易经》到马克思主义［M］．萧延中，译．北京：中国人民大学出版社，2016：71.

还是设想的)"[1]。可见，中国语境下的辩证法思想尽管仍保留着对"进化""冲突"等本体论、认识论的范畴，但其整体思维却是以"明吾人总念之变化者"为表征的"通变"之道，这一思维并不建立在西方哲学的所谓先验以及二元论等形而上学的理论之上，相反，它根植的是现实的生活。由此，蔡式关于辩证法的认识解读，也可以看作是对一种哲学观的再创，而汉语中字词内涵的多重性和模糊性也给予这种再创以更大的可能，区别于"西方主流那种由严格秩序和先验力量支配之宇宙论世界观的中国'通变'风格思维方式，就经历了一个哲学意义再生产的新过程"[2]。因此，中国学者借助于阴阳、太极观完成的对辩证法的再次解读，也让我们看到了辩证思想之于两种文化观间获得兼容的可能。

辩证法的科学形态是唯物辩证法。随着中国革命的爆发和马克思主义的传入，旨在激发革命阶级斗争意识的马克思主义唯物辩证法[3]被广泛传播应用，以毛泽东同志为代表的中国共产党人第一次结合中国革命的实际，创造性地发展了马克思主义，尤其是关于辩证法的运用上，更加强调发挥其对革命实践的现实支持作用，使产生于西方思维的马克思主义辩证法打上了中华文化的深刻烙印。辩证法的中国式

---

① ［美］田辰山．中国辩证法——从《易经》到马克思主义［M］．萧延中，译．北京：中国人民大学出版社，2016：73.

② ［美］田辰山．中国辩证法——从《易经》到马克思主义［M］．萧延中，译．北京：中国人民大学出版社，2016：73.

③ 马克思主义辩证法特指唯物辩证法，它是关于事物矛盾的运动、发展、变化的一般规律的哲学学说，它是和形而上学相对立的世界观和方法论，认为事物处于不断运动、变化和发展之中，这是由于事物内部的矛盾斗争所引起的。在历史上辩证法经历了自发、唯心、唯物三个阶段，辩证法只有到了马克思主义唯物辩证法才成为一门真正的科学。

发展无异于一次新的改造，在田辰山教授看来，西方传统哲学思维从根本上同中国传统哲学思维的不可化约性，使得辩证法在任何形式上或语词上的等同都显得不够严谨。马克思主义辩证法因在中国革命中的科学应用及其伟大实践，既表明中国哲学思维对其发展改造的成功，也反过来对中国式“通变哲学”产生了原理性的重大影响，而辩证唯物主义的思想源头则可以追溯至《易经》。从“辩证”“辩证法”的概念比较中可知，中西方关于辩证思想的理解存在差异。

一是辩证概念产生的思维基础方面。西方哲学从思维方式上看，注重运用一种固定的框架式的认知思维，认为对事物之间的差别化关系的把握比联系性、整体性关系的把握，更有利于准确认识事物的本质，因此，做出概念的抽象化解释并严格区别的二元化阐释，成为西方哲学思维中的惯常方式。诸如整体与全部、经济基础与上层建筑等绝对的划分，在以亚里士多德为代表的现代逻辑的因果论以相应限定中表现十分显著，这类本体论与认识论对立的二元主义假设所构建的，乃是一种单向度的拒斥紧密联系的因果关系，概念上如此，现实中表现为人同自然的对立关系以及相应对象化的改造也是如此。中国式辩证法的思维方式在关于辩证唯物论的转换和解读中得以表达，而它的思想源头则来自《周易》的阴阳太极观，在《周易》阴阳太极观的变化规律中，“变”意味着事物或事件在时空中新的延续，是一种现实的、具体的、运动的联系，人是这一运动的核心环节和重要部分，而辩证思维的运行是通过示范性类比而不是概念的严格区别来体现的，它是现实的并需要借助人所特有的某种思维方式来把握的（比如联想、想象、感悟等方式），是故“见天下之动，而观其会通”。因此，中国式辩证的思维基础本质上在于对“变”之规律的把握，这种把握是联系而“互系”的，是现实的而非形而上的，是充满时空感而非预设或先验的，是延续而非终有一止的。

二是关于辩证法的理解和应用方面。西方辩证法思想的广泛传入是从马克思主义辩证法开始的，但在此之前，不管是基于物质本体论抑或神学本体论的西方主流辩证法都以形而上学的形式出现，以语言、概念、推理等形式发现和掌握“真理”，无法将现实的、具体的人及其生活纳入其中。这一结果的产生与其说是自古希腊朴素辩证法思想产生以来，西方辩证法主流观念所关注的方向性问题所致（如形式逻辑基础之上衍生的主观辩证法、客观辩证法等方向进路），不如说是缺少思辨理性的思维基础，虽然到了黑格尔那里辩证理性思维逐步形成，其试图在特殊事物的“自否定”中找到逻辑与历史一致发展轨迹，以一种历史视域中普遍存在的矛盾变化运动的规律作为认识世界的方法论，找到作为主体的人在把握规律、掌握真理过程中应有的位置，但他所仰仗的“绝对精神”则将辩证法的解释维度引向神秘主义，现实的、具体的人仍被“绝对精神”的代表者上帝所代表，其所指出的矛盾运动变化规律仍旧落入形而上学的窠臼，问题没有得到解决。而反观马克思主义辩证法的传入，则从根本上启动了以《周易》为思想源头的中国式辩证法的思想资源，一方面，二者的理论基础都根植于具体的人的现实生活，其目标指向都是作为主体的生命自由与发展；另一方面，二者的实现路径本质上一致，二者关于辩证法的把握都不仅仅从现成的概念论点或狭窄的语言修辞学出发，而是更多体现为在现实的实践中对概念的生成和建构，并将这种实践纳入具体的历史时空之中，成为足以解决具体的人的问题、引领人走向智慧之路的思维方式。

（二）作为开端的《易传》辩证思想

关于《易传》的学派属性，历来存在学术争议。李锐教授在《帛书〈易传〉学派属性研究述评》中较为全面地表述了自古以来儒、道学派的争议观点。其中，一说《易传》为道家经典："苏轼曾指出《系辞》含有不少道家的意趣，后来冯友兰、顾颉刚、钱穆、侯外庐等学者，以及英国的李约瑟，也都以为《系辞》有很浓厚的道家风格。"① 当代学者陈鼓应亦对《易传》为道家经典多有论证，倡导"道家主干说"。二说《易传》为儒家经典："战国至汉初流传的诸种《易传》皆当以孔子为宗主，且多与孔子晚年弟子及其后学相关。"② 这一观点认为，《易学》内容中即便出现诸家思想的融合，也是以儒家思想为主导的融合。三说《易传》为诸子各家思想融合的产物。王莹认为帛书《易传》是学术大融合时期的产物，"包括儒、道、墨、法、阴阳各家思想在其中都有不同程度的体现，以儒道两家思想为主。具有各家思想融合贯通的特色"③。李锐教授在对各家学派观点进行全面梳理、归纳后，提出判定文献学派属性所应遵循的方法，并对中国

① 李锐．帛书《易传》学派属性研究述评［J］．中国史研究动态，2009，（03）：2－9.

② 李锐．帛书《易传》学派属性研究述评［J］．中国史研究动态，2009，（03）：2－9.

③ 李锐．帛书《易传》学派属性研究述评［J］．中国史研究动态，2009，（03）：2－9.

哲学史中关于概念、术语、表述以及语境因素提出了自己的看法。著者赞同这些方法，在《易传》学派归属上，不能单纯因为《易传》中某些概念或陈述具有某个或某几个学派的色彩，就单纯地以此作为划分学派归属的依据，而实际上，各家学派赋予同一概念的意义是不同的，即便是某一学派在不同历史发展时期，其表述概念的内涵与外延也不尽相同。发端于上古时期华夏民族所共同继承的辩证法与思辨逻辑，构成了《易传》所内涵的思维基础。

辩证法的规律是认识的规律。先秦时期，以孔子为代表的儒家学者对《周易》古经做出的解读和阐释，使发端于占筮功用的《周易》文本被赋予新的哲学内涵，形成了以儒家思想为内核的儒学易体系，以此引领人智从崇拜神灵的神道思想发展至信仰理智的人道思想，开启了《周易》辩证思想的时代先河。

作为群经之首的《易经》自孔子阐释之后，成为拥有一个完整思想体系的哲学著作。从文本上看，孔子及其门徒根据古经，分别从卦象、卦辞、爻辞、卦序等方面做出论释，形成也被统称为“十翼”的《易传》，而后以附录的形式与古经作为一个整体使用、不做区分，即《周易》的完整文本。儒家学说之所以能够完成对《易经》文本的渗入与对接，使其以哲学文本形式流传出现，一方面离不开社会生产力发展推动的历史潮流运动，自周朝建立以来，以崇尚神灵为时代特征的社会风气逐渐被“神道设教”式的人道思想所取代，人们完全依赖天地鬼神的神秘主义集体意识向认识自我、信赖人智进行转向，“周人尊礼尚施，事鬼敬神而远之，近人而忠焉”（《礼记·表记篇》）。在既能满足“事鬼敬神而远之”的现实状况，又通过“尊礼尚施”以达到“近人而忠焉”要求的基础上，孔子顺应时代要求，将其学说指向定位于对古经的重新阐释、注解，“除舍弃命蓍行术一部分外，其他如卦象、卦爻辞、易名称等，均承袭筮术易之旧，故为易学之正统。”① 另一方面，孔子个人拥有丰富、厚重的生活实践与人生经历，现实环境中磨砺的修为及其所展现的超群的智慧才能与人格品质，也是推动儒学易形成的关键。作为历史上第一位教育家，他对《易经》的研究投入巨大精力。孔子极其重视对“人”的教化和关怀，他由“礼”的约束和规范出发，主张通过“德”之教化引导人从内心树立“仁义”之品质，由“礼”推及至“仁”，推及至“天”，再于此过程中完成由“天”到“人”自身的精神归返，使天与人达到贯通合一。这一思想借助于《周易》“神道设教”的功能得以大众化传播，而其由内而外的推及过程，便是通过《大学》中“格致诚正、修齐治平”来具体体现的。同时，孔子强调人感性的生命体悟同宇宙自然、同人类社会之间的关联，他并未完全舍弃古经中关于占筮等神秘主义内容，而是将其哲理化并做出学术上的合理阐释，消弭“仁”之“人道”同自然万物的客观世界之间看似不可逾越的鸿沟，由此也为《周易》天人合一辩证思想的树立创造了思想条件。

作为开端的儒学易将儒家思想引入对《易经》的认识解读，形成了儒学易辩证思维的内涵。儒学易的辩证思想主要从“十翼”中的各个辞传中体现，按其所论述对象的侧重分为：上下《彖传》、大小《象传》《系辞传》《文言传》《说卦传》《杂卦传》《序卦传》《说卦

① 高怀民. 先秦易学史［M］. 桂林：广西师范大学出版社，2007：31.

传》十篇，分述如下。

《彖传》是关于古经卦辞的释论，根据古经上下经的体例亦做上下之分。在高怀民先生看来，《彖传》文本旨义深远宏大，其创立不仅可以很好地完成对古经卦辞的注解，更在相当程度上体现了儒家思想的精华，堪称对易学思想体系的一种发展再造。其一，明确了乾坤二卦在六十四卦中的“元”意义。乾卦有“大哉乾元，万物资始，乃统天”之意义，是万物生成运转的原初动力，在特定时空中“乾道变化，各正性命，保和太和，乃利贞”，象征着不断向上发展而又保持“中道”的自然观和伦理观，唯有此“乃利贞”，方能保证事物运行的持久亨通。坤卦“至哉坤元，万物资生，乃顺承天”，具有同乾卦一样的元属性，但表现形式相异，具有“坤厚载物，德合无疆，含弘光大，品物咸亨”之品质特性，与乾卦一同表征着阴阳刚柔的相摩相推，此对立统一又相辅相成的“互系”作用，构成万物生发生长的造化之始。通过对乾坤二卦的重要哲学定位，《彖传》将“一阴一阳之谓道”的朴素辩证法思想推及“刚柔相推而生变化”的辩证宇宙观范畴，将哲学意义上对立统一的辩证规律引向社会伦理。其二，人的主观能动意义。《彖传》中大量类比引申均指向天人贯通之道，如“君子尚消息盈虚，天行也”（《彖传·剥卦》），“观乎天文以察时变，观乎人文以化成天下”（《彖传·賁卦》），等等，此目的指向，在于对作为实践主体的人的主观能动价值的挖掘与彰显，君子之行只有与天地运行之道相协调，按照自然规律处理，解决问题方能有所成就。其三，因时而变的时空意义。《彖传》六十四卦中有十四个卦直接言及“时”，如高怀民先生所言，“十翼对卦爻辞中时、位、应、中这四个基本观念均极力发挥，但似对‘时’一项尤为重视。言及时义之卦，不在于卦之多寡，而在于语气之着力，十二卦之时义以‘大矣哉’之语气揭示，其对时之义感受之深，可想而知”①。以《革卦》为例，“天地革而四时成，汤武革命，顺乎天而应乎人。革之时大矣哉”(《彖传·革卦》)，此卦以汤武革命的历史事件为时间坐标，阐释变革发动之时机的重要价值，不仅要顺天时，更要重人力，人的能动力量的发挥和展现只有顺应历史潮流这个大势，契合革命形势这个时机，方能有所作为。与此相似的“时止则止，时行则行。动静不失其时，其道光明”（《彖传·艮卦》）等，均是“时义大矣”的具体体现。

《象传》是根据卦象爻象的特征所做的解释，大象所言为全卦之象，小象所言为各爻之象，故有大小象之分。《大象传》的体例结构统一，分上中下三个层次，分别言及象、人、事，如“天行健，君子以自强不息”（《象传·乾卦》），“地势坤，君子以厚德载物”（《象传·坤卦》）等均是此例。《大象传》对卦象的解读运用了大量类比、联想甚至想象的思维形式，“先儒所云：此等象辞，或有实象，或有假象。实象者，若地上有水比也，地中生木升也，皆非虚，故言实也。假象者，若天在山中，风自火出，如此之类，实无象，假而为义，故为之假也。虽有实象、假象，皆以义示人，总谓之象也。”②《大象传》从体例设计上似天、地、人“三才合一”的哲理化形式，是人与天地自然对立统一为一个整体的具体反映，由天地万物的自然“天

① 高怀民．先秦易学史［M］．桂林：广西师范大学出版社，2007：160.
② 高怀民．先秦易学史［M］．桂林：广西师范大学出版社，2007：163.

道”通过类比、联想、隐喻等形式回归人类社会的伦理“人道”，以象言志以达到思想教化之目的。《小象传》中关于爻象的解释则是依据爻位以及“中、正、承、乘、应、比”几种辩证内涵，在大象的整体框架内做出分析，以此“类万物之情，通神明之德”①。

《系辞传》是关于整部《易经》哲学内涵的概括化解读，内容涉及易学史论、易数占筮、易道体悟等丰富的辩证思想，是孔子及其门下所持儒家思想的集中展现。“一阴一阳之谓道，继之者善也，成之者性也。仁者见之谓之仁，知者见之谓之知。”《系辞传》中阴阳之道的哲学化内涵呈现出一定的伦理倾向，不同于西方概念性的思维，纯粹客观性表现的宇宙观在《系辞传》的视角下蕴含着深刻的社会属性，普遍联系、相互转化的“易道”在宇宙自然与人类社会之间同样适用，范畴与范畴的边界被这种普遍的联系转化所打破，由阴阳之道所沟通的类比性构成了联系转化的方式和内容，而人本身作为一个实践的主体，既承担着对这一实践过程运行的把握，又需要对结果做出反应，个人也成为阴阳之道的一个重要部分。类比是变化的一种形式，通过类比沟通不同范畴，使得天地、自然、万物、男女等关系发生关联，使人感受到自身同自然万物的合一，并从中体悟到生命延续的感受，如《系辞传》所言：“圣人所以崇德而广业也，知崇礼卑，崇效天，卑法地，天地设位而易行乎其中矣，成性存存，道义之门。”

《文言传》意为“文之以言”，是孔子关于乾坤二卦从另一种视角所做的补充解释，由此可见儒家对代表《易经》阴阳之道的乾坤二卦

---

① 陈鼓应．周易今注今译［M］．北京：商务印书馆，2016：650.

的重视程度。关于乾卦、坤卦,《文言传》以“元亨利贞”作为核心内涵逐字进行解读,从卦辞到爻辞,以儒家所倡导之“德”一以贯之,“夫大人者,与天地合其德,与日月合其明,与四时合其序,与鬼神合其吉凶”。由“德”为人处事修身之本,扩展到对“义”“仁”“礼”“信”等伦理思想和价值观念的阐发,大大拓展了《易经》哲学内涵的伦理教化空间。

《说卦传》将儒家易理思想引入特定时空和具体论域,从八卦方位、属性、分类以及衍生之物象、与四时关系等方面展开,内容十分丰富、庞杂,可以说,是以物象言思想,将儒家易理的辩证观通过类比形式在不同的物和象中进行诠释,将形而上的哲学理念转化凝聚为具体的、可感知的事物,沟通人与天地万物以达《易经》“通变”之道。“神也者,妙万物而为言者也”①,《说卦传》中类似的观点表明,《易经》中所谓的“神”以及其所展现的“道”,既贯通于天地又体现于人伦,须以“言者”方能把握表达,不同于西方那种伫立在现实的人之外的“神”,《易经》的“神”“存乎其人”,以一种贯通延续的思维将人置于同万物相互依存的位置,并通过类比之物象得以表达。

《序卦传》是对《易经》卦序特点及其表征的哲学思想所做的阐释。孔颖达《周易正义》云:“序卦者,文王既繇六十四卦分为上下两篇,其先后之次,其理不见,故孔子就上下二经,各序其相次之义,故谓之序卦焉。”文王初做卦序排列只做占断之用,而未曾就其排序缘由进行说明,孔子及其门下从六十四卦的整体性和关联性出发,将

① 陈鼓应. 周易今注今译[M]. 北京:商务印书馆,2016:717.

儒家辩证哲学思想借对卦序的阐释予以生发，大致可归纳为几点。

一是喻示生命成长的“生生”理念。卦序自资生万物的乾坤二卦为肇始，以屯蒙喻义初生，“物生必蒙，故受之以蒙；蒙者，物之稚也”（《序卦传》）。此后两卦为一组，以时空、因果为联系排列顺序，指示六十四卦作为一个完整逻辑体的连环相生。

二是以卦序特征喻人事。“有天地，然后有万物；有万物，然后有男女……有上下，然后礼义有所错”（《序卦传》）。“凡易道之在自然界事物者，如屯、蒙之生养，泰、否之反类，剥、复之往返，均在上经；而男女、家庭、国家、事业等人事，均在下经。将天地之道，一路引到儒家思想的伦常上，言浅而义明，道出了‘人法天’之义”①。

三是以波浪式发展喻示事物发展的历史规律。《序卦传》内容涵盖国家兴衰、人生轨迹、社会发展等多个范畴，均以事物“盈虚反复”、波浪式前进为主线，最后一卦以未济卦作为结束，又象征着事物发展变化的永不停止。

《杂卦传》也是对卦序做出专门阐释的论说，但其侧重与《序卦传》有所不同，卦序之排列为以反对及相对为义。孔颖达有云，“《序卦》依文王上下而次序之，此《杂卦》，孔子更以意错杂而对辨，其次第不与《序卦》同”（《周易正义》）。《杂卦传》中两两相对的排序表明，六十四卦这一大系统中一组对卦之间既联系又对立的互动关系，如果说《序卦传》侧重对时空框架内因果时序的演绎，那么《杂

① 高怀民．先秦易学史［M］．桂林：广西师范大学出版社，2007：180－181.

卦传》则可看作对非时序条件下对卦与卦自身属性的专门比较。即便如此，《杂卦传》中仍以“乾坤”为首立，同《序卦传》一样，从整体性上延续着阴阳之道周而复始、有始无终的运动轨迹。

除了儒家思想对《易经》的阐释并由此融合形成的儒学易之外，道家学说对《易经》的诠释改造也具有自身特点并在一定程度上影响了儒学易乃至整个《周易》义理思想的构建。道家学说中所强调的“变”这个重要概念与《易经》之“时变”相通，所有关于事物的评价尺度均存在于这个“变”之中，故主张“流变”的老子将一切边界都淡化于某种可能性，使所有的结果、成败甚至价值判断呈现出一种形而上的“虚无”状态，而人唯有保持这种随时而变的“静虚”和未完成状态（类似于《易经》最后一卦未济卦），方能找到生命真正完满的路径。道家易虽不是承袭文王、孔子之正统易学，但其相对独立的玄学仍以《易经》为思想源头，而自老子以后的道家学者，其思想则更加兼具易学特征，如涉及丹道、器象等道家方术的一批论著和学者，均受易学影响极大。与此相对的儒家易则主张教化精神的发挥应用，其所赖以表达的“仁”“德”“义”等概念均有其相应的价值所指和内涵范畴，这一道德律令并非虚空或纯粹的应然，反倒需要通过专门的宣传教育甚至某种强制方式作用于大众，以达到教化的目的。儒道两家关于《易经》的吸收改造、诠释运用虽各自有所侧重，但都是围绕宇宙自然和人类社会的一些重要论题展开的思考和解释，具有本质上的互通性和兼容性。因此儒家易与道家易相对于《易经》而言，并不是一个“区别”关系，而是一个“转换”关系，某种意义上讲，儒学易和道家易各自指向的是《易经》在“形而下”与“形而上”两种维度中的价值内涵，二者互通互补，共同推动《周易》义理辩证思想的不断发展、深化。

（三）作为深化的易学辩证思想

作为深化的易学辩证思想与儒学易辩证思想具有紧密的内在联系，但又不能做同一解释。从历史分期的角度看，自先秦以来易学发展已历时数千年，不论是汉易学、魏晋易学、宋元易学、明清易学、现代易学，都在很大程度上承袭易传的思想精华，不过，这些不同年代的易学理论因所处的历史时期和特殊环境，又赋予其新的理论特点。其中，有的杂糅道家学说，使易学呈现出一定玄学化思想倾向，有的则以理学、心学等新的理论形态解读《周易》，阐发具有相应时代特点的易学理论。此部分著者试图从《周易》的义理范畴入手，归纳提炼出易传以外不同历史时期具有代表性的辩证思想。

其一，生生谓易的宇宙太极观。《周易》“生生之谓易”思想的具体表达肇始于太极的运动变化，太极生两仪，两仪生四象，四象生八卦，八卦生万物。《周易》宇宙太极观把宇宙万物视为类生命形态，认为宇宙万物作为一个恒常不息变化的整体，不同于机械运动般的线性发展，具备有机生命体的特殊属性，基于此，古代先哲从“生生谓易”的不同视角阐发天人合一的生命宇宙理念。其中，有从宇宙万物生成视角提出的“层次之说”：北宋邵雍承袭了《周易》太极观并将其做层次化阐释，是有与两仪对应之阴阳对立统一的第一层次，刚柔阴阳与四象交互共生的第二层次，“八卦生万物之类，重卦定万物之体”（《观物外篇》）的第三层次，事物以“类”的形式衍化发展，并在发生发展中分出层次，最终以一种层次分明的辩证思维形式生动地描述出宇宙变化运动的轨迹。①

有从人的主观体悟出发提出的“心性之说”：邵雍提出“心为太极，人心当如水则定，定则静，静则明”（《观物外篇》），心之本性在于心如太极般安定，即“心一而不分”，太极不动故为“一”，此为太极之“性”，人心亦当如此，如“无思无为者神妙致一之地也”，唯有努力修炼“心性”，以达到“无思无为”之状态，方能定如“太极”，“圣人以此洗心，退藏于密”（《观物外篇》），则可促动人向圣人的递变。也就是说在邵雍看来，人“心”所遵循的那个“太极”乃是宇宙中亘古不变的法则定律，是充满着知性和逻辑且能被感知的，即便是圣人也要“以此洗心”方能顺应变化的规律。

有从玄学与道家易立场生发的“道气之说”：“生生”思想是道家哲学中的一个代表性观点，不仅表明道家易关于宇宙万物变化的规律性认识，也是把宇宙看作一个大的生命体不断生化演进过程的呈现。“道生一，一生二，二生三，三生万物。万物负阴而抱阳，冲气以为和”（《老子》）。道家思想中人既是自然道化所生，又与自然融为一体，应效法、尊崇道，此道即是万物本源——太极之道。而“气”是道在运行中的实体表现，是物质的特性和存在状态的具体反映，“气”如同“道”一样是永恒存在的，混沌未分的太极蕴含元气，而“方浑沦未判，阴阳之气混合幽暗，及其既分，中间放得宽阔光朗，而两仪

① 唐明邦．天人之学——唐明邦自选集［M］．北京：中央编译出版社，2013：290－292.

始立”（《朱子语类》卷九十四），是阴阳之气的交感互动促动太极的生化，对于生命体而言，“气聚则生，气散则死，聚散虽异，为气则同”（《庄子·知北游》），表明道家易观念中宇宙整体的形成、衰退都是“道”运行下“气”的消长聚散。

其二，阴阳消长的变化内因观。《周易》“一阴一阳之谓道”思想以阴阳合一作为道之确立，西汉董仲舒将“天道”之阴阳转换至“人道”范畴，提出天人之道的思想，认为“人道”之变与“天道”之变存在某种紧密关联，“凡物必有合。物莫无合，而合各有阴阳。君臣、父子、夫妇之义，皆取诸阴阳之道”（《春秋繁露义证·阴阳义》）。事物矛盾变化的内在发生机制在于阴阳互动关系的变化，天地之阴阳力量的消长、分合产生万物自然的变化，如四季、草木、天象、灾异等自然现象都是其所属范畴内部阴阳关系互动变化的结果，这些自然的外在直观是对社会人伦之道发展变化的一种映射。由此体现为几种论说。

一是卦气变化之说。作为对阴阳关系的一种具体分析工具，汉初孟喜提出的“十二消息卦”及其后世所述“卦气”之说从理论上论证了阴阳力量消长互变的规律性特征，并将其纳入社会生活的伦理范畴。以十二消息卦为例，如十二个月之于十二个不同的卦，代表了一年中阴阳二气消长的周期，年复一年循环不止，卦气随时而动，每月都有相应代表的卦及其所对应的节气、寒热的情况，卦气的强弱以阴阳爻的多寡做量化表示，爻的增减所积累的量变最终引起全卦的质变，从而改变全卦的属性，反映卦气的改变，人类社会生活也应遵循卦气的运行规律，卦气消长运行的失时失序将会引发自然社会的灾异混乱。

二是阴阳变化节律之说。《易传》有云："阴阳节而四时成。"邵雍以图示形式描述阴阳节律变化，他将六十四卦分为八组，将每组八卦的内卦按一定顺序排列，以此发现阴阳爻数的变化规律。阴阳之力此消彼长，呈现有规律的变化，尽管微观处阴阳力量不均衡，但其相应而互补，故从总体上看，自然万物处于一种动态平衡之中。阴阳节律变化消长喻示人事兴衰，一卦之内阴爻所代表的小人与阳爻所代表的君子，构成家国社会兴衰的内在因素，其所处位置和数量、互动关系和变化趋势表征着事物发展的轨迹，故"天道、人事皆然。推之历代，可见消长之理也"（邵雍《观外物篇》）。

三是阴阳道器之说。东汉魏伯阳将阴阳关系融入道术养生学说，又结合天文律历进行实践操作，其所著《周易参同契》开道家易学先河，将道学、易学与方术融合，通过方术实践活动将阴阳互动关系的思想阐发为一种形而下的具象化解释。"阴阳相饮食，交感道自然。金来归性初，乃得称还丹"（《周易参同契·上篇》），利用阴阳之气及其对应十二消息卦等理论指导方术，再由方术变化的过程和结果模拟验证事物内部的阴阳变化关系。同时，将人体视作道器纳入阴阳变化的范畴之中，"或问太极图之说曰：以人身言之，呼吸之气便是阴阳躯体，血肉便是五行，其性便是理。又曰：其气便是春夏秋冬，其物便是金木水火土"（朱熹《朱子语类》），人的物质躯体与思想精神同时作为主体与客体的统一物，参与到模拟阴阳互动关系的方术实践之中，开辟了易学辩证思想应用的新路径。

其三，物极必反的矛盾转化观。首先，矛盾双方的转化代表阴阳力量的消长。《周易》文本中矛盾的概念主要体现为阴阳，作为一个整体的事物，内部均包含阴阳二力的交感对立，“无无阴阳者，以是知天地变化，二端而已”（张载《正蒙·太和》）。矛盾双方的关系以阴阳相辅相成、互为因果相互转化、对立统一等互动互系关系作为呈现，阴阳对事物的作用不同于外力影响，而是事物内部对立双方的相互作用，一方力量的消长必然引起另一方随之变化，而此“量”之变化所致极化之时，事物就开始向自己相反的方向转化，是为“物极必反”。其次，矛盾转化存在于特定的具体时空，以丰卦为例，“日中则昃，月盈则食，天地盈虚，与时消息”，日月运行带来的日夜变化存在于日之“中”与月之“盈”，而其发生本质性转变之“极”，表征为“昃”与“食”，此天地盈虚之象象征着日月交替往复之道，发生于“与时消息”的特定的具体时空，当“中”或“盈”发展到一定程度时，事物便向其相反方向转化。如《序卦传》《杂卦传》所述，《周易》中两两相应之对卦如否与泰、剥与复均为此法则所证。再次，矛盾转化是一个变易不息的过程。“刚柔相推，而生变化。刚柔相推，变在其中矣”（《系辞传》），刚柔相推所引起事物的变易不息即是阴阳力量消长之结果，不过，变易不息不等于循环往复，矛盾转化带来的质的改变并非一时一事的偶然，而是一种类似于“革故鼎新”的扬弃式发展，即便作为个体的事物特别是有机生命体要面对衰退和死亡，但对于作为整体的宇宙自然，这种变易不息的质的变化则具有某种意义上的永恒性；同时，矛盾转化不断推动事物向前发展。“天地之化，既是二物，必动已不齐。从此参差万变，巧历不能穷也”（程颢《程氏遗书》卷二上），阴阳消长一方面打破事物内部矛盾的平衡，为推动事物不断发展提供了动力，另一方面又维系了事物发展中作为整体的动态平衡，使事物以一种“生生”的形态日新月异地发展。

其四，保和太和的中道中和观。正是由于影响事物发展变化的矛盾双方时刻处于一种互动变易状态，维系阴阳和谐、维持事物稳定发展就显得相对困难，而《周易》所倡导的发展的理想状态即是对中正和谐之道的坚持。《彖传》有云：“乾道变化，各正性命，保和太和，乃利贞。”在卦爻辞以及《易传》中集中阐发的“保和太和”思想，深刻反映出中道中和观在宇宙自然与社会伦理方面的重要价值：作为对宇宙自然的反映，中道中和观作为表征宇宙万物或整体要素之间的“关系”或存在“样态”的范畴，同时涵盖了关于对象世界的一般理解与规定，形成了一种以中庸求和为主要内容的思维方法或思维模式。[①] 在对宇宙自然的符号模拟中，卦象对应表明不同生命属性及其各正性命之状态，卦爻辞中当位、比应、得中等爻位关系所对应的吉凶判断即是对“致中正”这一“太和”思想的体现，“中”即二爻、五爻所处之中位，象征所谓“中道”之观念，“正”乃阴阳爻是否当位或失位之喻，强调代表阴数的阴爻应处于二、四、六的阴位，代表阳数的阳爻应处于一、三、五的阳位，是各就其位不逾矩的象征，故“二爻多誉”“五爻多功”（《系辞传》）的规律总结明确了“保和太和”的价值指向。孤阴不长，独阳不生，阴阳二气唯有保持“太和”状态方能实现万物生化发展的和谐顺畅，东汉王充所云“夫阴阳和则谷稼成”（《论衡·异虚》），“气和而雨自集”（《论衡·自然》）即

① 高晨阳．中国传统思维方式研究［M］．北京：科学出版社，2012：80.

“保和太和”自然观之体现，张载将宇宙整体视为有机的动态过程，“太和所谓道，是生絪缊、相荡、胜负、屈伸之始”（《张载集》），王夫之认为“阴阳之用，以和而相互为功”（《周易外传》卷七）则是从宇宙自然的和谐本质方面做出的终极判断。① 作为对社会伦理的反映，中道中和观之于社会治理，君子当思不出其位，依靠中和之德，以柔和之道量力而行，如《象传·节卦》所述“当位以节，中正以通”；之于处世用事，当秉承中和公道，出于公心化解纷争、消解矛盾，不分亲疏、一视同仁地对待所有人，是以《象传·同人卦》云：“同人于野，亨……中正而应，君子，正也。”之于修身律己，当遵循养性与养生之正道，慎言语，节饮食，以养德行，万物养得其正则生生不息，此如《象传·颐卦》“颐，贞吉，养正则吉也”。之于待人接物，当如《象传·谦卦》“谦尊而光，卑而不可逾，君子之终也”，君子即便位尊望重，也应遵循礼节，谦卑待人，不可逾矩越规。

其五，与时偕行的主体能动观。“时止则止，时行则行，动静不失其时”（《象传·艮卦》），要求把握发挥主体能动性的时机。《周易》义理内涵丰富，将宇宙万物视为能够包容天地人“三才”的一个动态整体，人与自然万物密不可分，人所具有的主观能动性是构成人与自然、社会紧密联系的重要纽带。因此，人在发挥主观能动力改造客观事物时，应十分注重对特定时空、时机的把握，“见几而作”，即避免优柔寡断延误时机，唯有此方可获益，“凡益之道，与时偕行”（《象传·益卦》）。“益道”的运动是随着时间的运动而变化的，主观

---

① 高晨阳．中国传统思维方式研究［M］．北京：科学出版社，2012：82－83.

能动性所引起的增益或损益亦是如此，须根据客观情势之变化选择行动的方式和时机。“与时偕行”的内在发生机制在于天人感应或合一的互动关系，即“顺乎天而应乎人”（《彖传·革卦》）。《周易》天人合一理论认为，人类社会生活因与阴阳、天地相感相通而具有某种节律性属性，“四时者，阴阳之大经也；刑德者，四时之合也”（《管子·四时》），时空的流变转换意味着特定物质、信息、能量的流变，作为能够与之“通感”的人，应当从此种变化之中捕捉有益信息并预判客观事物发展的趋势，此为“顺乎天”，以此为根据调整自己的行动，合理发挥主观能动性以改造客观事物，此为“应乎人”。

总之，易学的辩证思想既是中国古代社会生产方式与阶级社会矛盾在哲学思想上的反映，又具有自身独特的理论特征。一方面，“物极必反”“与时偕行”等带有与时俱进色彩的“变革”思想适应、迎合了中国古代各社会阶层在不同历史时期的斗争需要，为被压迫阶级、阶层通过斗争取得权力提供了思想准备和舆论支持。不过随着社会阶层流动的完成，获得政治和经济地位的新阶层为了维护自身利益的长期稳固，往往更加强调《周易》辩证思想中诸如“中道中和”“生生不息”等具有“和谐”色彩的理论观点，甚至通过政治化举措将此类思想改造为政治主张颁布施行。因此，在这一视角下《周易》义理观所展现的辩证思想，虽囊括了解释客观世界与教化社会大众的丰富哲学属性，但其由于政治化考虑而做出的理论改造又内含某种形而上学倾向。另一方面，《周易》义理观辩证思想的逻辑起点在于“天人合一”以及在此基础上所建构的宇宙观和思维方式，这与西方机械唯物论者宇宙观中“二元对立”的思维方式具有很大不同，易学辩证思想强调人在受自然规律支配前提下，具有发挥主观能动性改造自然的可能，并且这种改造也是出于创造人与自然“和谐”关系之目的，本质上看，义理观中的人与自然是平等的，人只有效法自然的“保和太和”，把握“阴阳消长”“物极必反”的事物变化规律，方能维持个体生命与人类社会繁衍的“生生不息”。

二、教化易理观的辩证思维特征

从中西比较哲学的视野研究辩证教化观问题，是对传统文化进行现代性转化的必然要求，对当代社会的思想伦理教育具有重要的参考价值。中国哲学尤以儒学为代表所倡导的伦理道德观念，即是站在伦理教化层面完成从个人到家国进而推及世界的哲学反思，作为儒、道思想源头的《周易》辩证思想，其中蕴含的教化易理观综合提炼了中国传统哲学中的辩证观点，以伦理教化为脉络推及展开，并可由此归纳为四种辩证教化思维特征，即以“通变”为目标的阴阳教化观、以“生生”为动力的日新教化观、以“体悟”为方式的实践教化观、以“和谐”为旨趣的尚中教化观。

（一）以“通变”为目标的阴阳教化思维

中西方哲学视域中的辩证思维分属不同范畴，具有一定差异。杨金海教授认为，西方传统辩证思维是一种以二元对立或二元分立为特征的思维方式，如唯心论与唯物论的鲜明划分，而《周易》辩证法虽也强调阴阳两极的概念，但二者并非直接对立关系，而是在一个太极整体中不可分离、相互转化的“互系”关系，中国辩证法中所蕴含的所谓“本体论”着眼于事件的过程而非事物本质，即在运动的事件中实践地把握的原则，坚持“通变”，以此保持事物发展的和谐状态。①中西方关于辩证思维的差异根源在于价值出发点的不同，西方哲学与文化观中的主体性着眼于认识论，即以“人的本质是什么”等抽象概念作为逻辑起点，中国文化则从价值意义出发，在人与人、人与自然、人与家国社会的关系中探求人的价值与意义。正是价值指向的不同，使得《周易》中的教化辩证观更多地倾向于一种有关社会人伦道德的思想引领，“圣人所以崇德而广业也，知崇礼卑，崇效天，卑法地，天地设位而易行乎其中矣，成性存存，道义之门”（《周易·系辞传》）。因此，人应遵循诸如“仁”“义”“德”“信”等道德观念，融通地待人处世而又不失其原则，以此维系自身同外在客观世界保持一种长期和谐的互动关系。同时，阴阳转化的辩证思维也呈现出一定伦理化倾向，“立天之道，曰阴与阳；立地之道，曰柔与刚；立人之道，曰仁与义”（《周易·说卦传》），天地人伦之道在“天人合一”理论场域内统一于一个有机整体之中，阴阳转化存在于自然万物，同样也适用于人类社会，人的境遇、地位可能面临无常变化，但始终秉承仁义、忠信等价值观念除恶扬善、坚守中道，乃是正确修身处世的不二法门，唯有此方能通达于变化的万事万物之中，以“参天地之化育”（《中庸》）。

① ［美］田辰山．中国辩证法——从《易经》到马克思主义［M］．萧延中，译．北京：中国人民大学出版社，2016：3.

（二）以“生生”为动力的日新教化思维

西方传统哲学中对事物“变化”的探讨往往集中于微观层面的物理性、机械性变化，而中国式思维则更多地指向整体层面的有机性变易。古希腊罗马时期，西方哲学家所提出的运动变化理念便带有一定的机械性色彩，如芝诺提出的“两分法”，着眼于事物在时空中的机械性位置，阿那克萨戈拉的“种子说”，明确把事物的变化解释为位置的不同，德谟克利特的“原子论”则将运动视为“大小和数量上的无限”的原子在虚空中“处于旋涡运动之中”，① 这些关于事物运动变化的解释和描述均或多或少地反映出一定的机械主义倾向。到了黑格尔这里，运动变化的辩证过程才真正与生命的过程联系在一起。黑格尔认为，生命之物的发生首先是其自身内部的运动过程，一方面是有生命之物自身的分裂，另一方面是其能动性所带来的对无机自然的反抗过程。不过即便如此，西方人对事物的发展变化的关注仍无法归同于中国式“日新”“生生”的发展变化观，由此更无法生成相应的伦理教化思维。当然，《周易》思想中的“生生”发展观也并未等同于类似具体生命体的那种旨趣指向，而是主要意指宇宙整体经久不息的流动过程，以及在此过程中所展现的生生不息、育化生命的功用。“生生”作为事物发展动力的内在本质在于阴阳交感的和谐互动关系，“和者，天之正也，阴阳之平也”（《春秋繁露·循天之道》），阴阳交感调和是和谐守正之基本，“和乃生，不和不生”（《管子·业内》），

① 高晨阳．中国传统思维方式研究［M］．北京：科学出版社，2012：63.

而和谐和顺状态下万物生化才具备了可能。需要指出的是，《周易》辩证教化思想中阴阳交感的和谐状态，并非来自阴阳二力“各就其位”的“自发”过程，而是依赖于某种带有伦理特征的“自觉”过程，以泰卦、否卦这一对卦而言，否卦卦象“上乾下坤”，乾为天，地为坤，天地分居上下，各自正位，本应做吉兆解释，但卦辞有云：“否之匪人。不利君子贞。”象曰：“天地不交。”可见，乾坤所属纯阴纯阳虽各就其位，但二气无法交感，缺乏和谐化育之势，故“不利君子贞”。再看泰卦，其卦象“上坤下乾”，虽“地在天上”似有违“天尊地卑”伦常之嫌，但卦辞“小往大来，吉亨”。《泰卦》所示吉兆表明，在作为一个有机整体的事物内部，各要素之间不应存在所谓“尊卑”的相互关系，为了整体和谐的大局考虑，原本位处“尊位”的应当谦卑柔顺，原本位处“卑位”的也要刚健向上，由此，阴阳二气交感互动，整体内部要素和谐运转，万物化育的生生不息之势方可成就。

（三）以“体悟”为方式的实践教化思维

西方传统理性思维注重辩证法在伦理道德层面的实践功用。以亚里士多德为例，他所主张的就是在政治哲学领域追求所谓“至善”的道德实践，即包容个体伦理行为与社会普遍教化功能之善。辩证法之于其中的功能体现，一是西方辩证法所固有的语言的对话属性，也就是基于平等主体之间的对话行为，表现为对知性、对真理的追求活动，这种追求目的和追求本身就是有关于“善”的道德实践；二是在“自否定”逻辑中不断摆脱非道德限制的意志自由，如黑格尔所认为的，生命既是开始的特殊化作用，又是达到否定的自为存在着的统一的结果，因而生命在它的肉体里只是作为辩证的过程和它自身相结合。康德则更强调作为自由生命的道德实践属性，他认为生命所彰显的意志自由在于对生命伦理的尊重。在马克思看来，生产力与生产关系的辩证互动关系，推动了社会形态“自否定”式的更新与发展，伦理教化的实践形态通过社会大众充分获得属于自身的正当权益而得以实现。相比之下，“中国哲学‘生生之谓易’‘通变之谓事’的思想既是一种宇宙观、辩证法，又是一种生存论、价值观，还是一种主体的实践哲学、处世之道。中国人历来讲究‘经世致用’，正是由于这种很强的实用性，它很难发展出西方人那种绝对超验的哲学逻辑体系来，更不会有西方那种至高无上、逻辑严密的神学理论体系和坚实的神学信仰体系。这种思维方式妨碍了中国人纯粹理性的发展，但却极大地发展了中国人的实践理性。”①《周易》文本所蕴含的道德教化的实践观念即是对上述判断的确证，一方面，《周易》辩证思想充满了强烈的人文指向，将“至善”向内推及，作为引导和教化自身的价值遵循，是一种人本主义的价值体现。“天行健，君子以自强不息”（《象传·乾卦》）、“地势坤，君子以厚德载物”（《象传·坤卦》）均是赞颂人的内在价值和地位，特别是经历过易学的“心性”思想以及宋明理学的本体论论证，以“体悟”为表征的实践理性更是拓展了《周易》辩证思想的哲学维度。另一方面，《周易》特别是《易传》又将个人与客

① ［美］田辰山．中国辩证法——从《易经》到马克思主义［M］．萧延中，译．北京：中国人民大学出版社，2016：3.

观世界辩证地视为一个整体，所主张的“仁”的思想将个人置身于家、国、世界的更大场域，将“至善”向外推及“天下”，以“自强”“善世”为原则教化人们“反身修省”“以美利利天下”。

（四）以“和谐”为旨趣的尚中教化思维

西方传统哲学所着眼之和谐，更偏向于系统内各要素明确分工而又依序组合的“机械性”和谐，即一种“加和性的综合”，也就是说“整体就是部分的简单代数和，是机械相加的整体，把宇宙看成是万事万物相加的总和”①。机械性和谐思维是西方主流哲学与文化的一大特征，其发端来源于古希腊哲学中的批判与否定思想，其产生条件则受到贸易需要带来的海洋商业发达，以及土地贫瘠导致的农耕生产薄弱等因素的影响，基于此特定自然社会环境，人与自然、人与人之间更多体现为一种征服与被征服的互动关系，由此也生成进入现代社会以来关于崇尚规范、制衡权力等伦理要求和制度设计。相形之下，在中国哲学文化语境中以“和谐”为旨趣的整体性思维，是从事物发展的整体观出发，将客观世界视为一种相互联系、相互作用的有机存在状态。董仲舒把和谐视为促成宇宙万物发展的本源要素，他从《周易》阴阳辩证理论的观念出发，认为“和者，天之正也，阴阳之平也，其气最良，物之所生也”（《春秋繁露·循天之道》），阴阳平衡状态是万物生发生长的最佳状态。王夫之亦以和谐为理论旨趣，将万物存在发展的目的引向“善”的伦理教化领域，“天地以和顺而为命，

① 高晨阳．中国传统思维方式研究［M］．北京：科学出版社，2012：63.

万物以和顺而为性。继之者善，和顺故善也”（《周易外传·说卦传》）。在他看来，“和顺”既是天地之“命”，也是人之本“性”，人所应追求的“善”应是对“和顺”的遵循秉承，以社会为整体推而广之，即在社会整体中教育教化个人行为的“尚中”“守礼”。在价值观念上，中庸中道、“尚中”求和的思维方式是对和谐整体观的伦理化把握，如一种文化观念一旦被大众化后，便具有某种能够影响社会大众的精神力量，中国人将世界看作一个和谐互动的整体，所追求的不好战、以和为贵、以礼为先的行为准则，便是这种“尚中”求和精神力量的具体体现。在处世方式上，“执两用中”便是维持和谐平衡的手段路径，“不得中行而与之，必也狂狷乎”（《论语·子路》），“执中”不是静止于调和、折中甚至妥协，而是在把握事物发展的动态规律基础上适时变化，不偏不倚地抓住主要矛盾而避免片面、偏颇，是有“中正而应，君者，正也”（《象传·同人卦》）。因此，树立和谐和顺的价值理念，遵循中正中道的处世之法，即《周易》整体尚中思维的教化指向。

总的来看，在辩证逻辑领域，中国传统辩证逻辑也不同于西方思辨哲学形而上的抽象指向，中国辩证逻辑本质上可以归属于具有很强教育教化功能的实践伦理哲学。以《周易》为代表的中国传统哲学所主张的“天人合一”思维，实质是对人与人之间、人与自然之间和谐关系的确立和维护，并通过“人法自然”的教化要求，促动人类社会崇仁尚德、温顺守序的道德实践。现实中，当代世界诸多自然环境危机、社会伦理危机的一大根源，就在于人同社会、同自然以及同人本身和谐伦理关系的失稳失序所致，对传统文化中辩证教化观的现代性传播转化，势必将对当今社会纷繁矛盾的解决提供重要参照。

第二章

黑格尔辩证哲学的生成与进路

朴素的辩证思维形式，总体上代表着古代人类所共有的一种思维形式，随着社会物质生产方式的发展，人类这种原始朴素甚至带有某种巫术色彩的“辩证”思维逐渐让位于更为抽象理性的思维方式，在更高的思维水平上助推人类认识能力的提升，以更加适应由劳动工具更新所引起的生产力与生产关系的发展要求。鉴于中西方文明生成方式的不同，两种文明孕育的辩证思维形式也存在着深刻的差别，尽管从形式上看，原始社会中西方朴素辩证思维中的不少共同点、共通点可能广泛存在，但从起源方式与生成路径直至发展轨迹来看，中西方辩证法是两个不同辩证法体系之间的比较。

黑格尔的思辨逻辑理论并不是这位思想家个人偶然建立的哲学体系，其不仅扬弃了培根等经验主义和有关形式逻辑的哲学内容，也是自康德以来德国古典哲学不断发展的必然成果。本章所主要探讨的是比较论语境中黑格尔思辨哲学的生成与进路，在此基础之上，试图引入与黑格尔哲学产生时期相去数千年的《周易》辩证法思想加入讨论，拟通过对最能体现中西方辩证思维的两种辩证哲学的比较，更加清晰地勾勒和体现此种文化观差异背景下的思维差别，同时为两种辩证哲学的融通互鉴提供一种学理路径。

第一节 “反思”的内核：逻格斯精神与理性的认识论倾向

辩证法所蕴含的理论智慧是通过“反思”来提供路径选择的。恩格斯在《反杜林论》中指出，人的思维规律与历史发展的规律和自然规律是一致的。人类总结自身参与的认识和改造客观世界的整个过程，就是逐渐认识和把握规律的过程，这种认识和把握的路径即是“反思”。在黑格尔辩证哲学语境下，“反思”将辩证法抽离于形而上学的泥沼，不同于形而上学静止地、绝对地观察一切事物，试图借以消解矛盾的方式实现对立的统一，辩证法从历史的动态性视角看待客观事物甚至人的思维，不仅承认事物之间与事物之中矛盾的对立与统一，也关注事物自身发展中所体现的否定性过程。而反思的功用，就在于赋予这种“自否定”以具体的形式。“这种具体的形式是向开端的肯定的复归，它是一种经过否定和否定之否定的规定（肯定），或者说，它是一种‘无定形’的否定给自己‘定形’的形式”①，通过“反思”，现象世界普遍存在的感性事物连同它们各自鲜活的运行法则，被抽象和提炼为能被思维的种种理性形式，而思维本身“也以感

① 邓晓芒．思辨的张力［M］．北京：商务印书馆，2008：335.

性与理性、比较与类推、想象与联想、分析与综合、抽象与具体、归纳与演绎、相对与绝对、真理与谬误等等范畴来反映精神本身的变化发展过程”①。正是在这种关于自然社会以及人类思维运行法则的不断“反思”过程中，辩证法这一科学的思维方式才得以建立，如马克思所认为的，辩证法不过是关于自然、人类社会和思维的运动与发展的普遍规律的科学。

一、缘起：作为反思内核的逻格斯精神

黑格尔辩证法最内在的逻辑结构并不是突然产生的，其历史根据要追溯到古希腊时期。古希腊关于语言学的逻辑起源，是引发逻格斯精神并使之发展成为反思内核的重要因素。

（一）固定在语言概念中的逻格斯

西方哲学理念的阐释是围绕若干重要命题展开的。古希腊时期，关于“变化”的哲学理念从语言概念视角被不同流派所阐释。泰勒斯从水的流动属性中寻找“变”的感性表达，赫拉克利特将“火”的不确定性看作解释事物流变的不二参照，阿那克西米尼希冀以“无定形”之气作为诠释万物流变的基始，早期思想家不论对“变化”做出何种解释，都是在试图对自然事物的某种共相属性加以规定，并将其

① 林京耀．马克思恩格斯认识论的形成和发展［M］．上海：上海人民出版社科学出版社，1987：446.

固定在语言和概念之中，即试图以感性的语言概念把握事物运动发展的规律。语言既是对象化了的人的东西，也是人化了的对象的东西，实际上，这些感性语言概念的表达已经体现出某种哲学意义上的“尺度”，也就是所谓“逻格斯”，对于探讨“变化”尺度及其规律而言，就是关于变化的逻格斯。邓晓芒教授将泰勒斯等一批早期思想家关于解释“变化”本质及其内在动力的语言表述都视为一种“努力”，他们试图用哲学解释世界本源的工作实际上“可以看作一种寻求语言的努力，一种超越日常语言而构思哲学语言的努力”①。这种用于表达哲学概念的语言在逻辑结构与意思表示上的某种局限性与其意谓的应然性就构成了矛盾，而整个希腊早期自然哲学的发展和运动，可以说都是这一内在基本矛盾在思维中不断推动的结果。②

在讨论关于“宇宙本源”的另一重要命题时，语言概念同样被认为是用于把握逻格斯的重要方式。古希腊时代，哲学家总是从感性经验中寻求一种或多种物质作为万物之源，对以水、火、气等有形、无形、“无定形”为共相属性的概念表述，在古希腊早期思想者那里多有体现。而这些由语言承载的思维理念尚不能完全抽象出思想者们试图揭示的那些事物的“共相属性”，这不仅仅仍是语言本身对理念把握力的单薄所造成的，还在于此时的语言概念并没有从感性经验的意谓上升为哲学理念的意谓，即通过精神理念的超感性思维，寻求一种作为自然之外的抽象逻辑。

① 邓晓芒．思辨的张力［M］．北京：商务印书馆，2008：15.
② 邓晓芒．思辨的张力［M］．北京：商务印书馆，2008：15.

到古希腊三贤时期的情况则有所不同，柏拉图将宇宙的逻格斯视为观念世界和现象世界的总和，其学说中的不少内容虽大多表现为“诗性语言”但却并未妨碍其以辩证“理念”著称的逻辑判断，这就大大地超出了关于宇宙本源感性经验的语言把握，将理念看作潜藏在万物之源与万千之变内部的一种本质存在。亚里士多德则将宇宙本源视为“实在”这一具体之物，他认为存在于具体事物中的“质料”与“形式”是密不可分的，它们的结合过程就是理念转化为现实即理念在变化运动中真正得到展现的过程。而到了黑格尔那里，语言已经真正上升为对哲学理念的抽象表达，黑格尔哲学理性的思辨本质不仅不再排斥语言的逻辑缺陷，而且视其为揭示宇宙万物的逻格斯及其内在矛盾的首要方面，不同于中国古代道家的“静虚”“体悟”抑或儒家的“入世”“修为”路径，西方哲学把握万物本源与变化之“道”的方式具有巨大差异，在黑格尔那里，通过语言的思辨属性这一重要途径才能完成对逻格斯的最终确认，而其中所贯穿的逻格斯概念乃是思辨逻辑所具有的绝对理性。

（二）体现逻格斯的反思形式

“逻格斯”概念的提出延展了逻辑理性的工具范畴，是语言概念在哲学意义上的一次“颠倒”的过程与升华的结果。“逻格斯就是规律，是变化的尺度，是变中之不变；它显然是一种关系，但已不是抽象的数或量的关系，而是质的关系，是两个在性质上不同或相对立的东西统一成一种新质"[①]。逻格斯所展现的"关系"不是理念单纯的量的汇总或相加，而是充满矛盾碰撞与流动融合的"反思"运动，从这一意义上讲，古希腊哲学关于逻格斯概念的提出实际可以看作西方哲学史上关于语词、意谓及其指代关系的一次本质转变。在哲学史的不同时期，关于反思概念的阐释也各有不同，笛卡尔从"我思"的原点出发，试图通过"深思"这一思维的反思形式演绎出物质世界的存在证明。洛克将反思定位于感官经验的预设，而语言则是人们基于感性认识赋予事物的一种主观意义。康德则试图通过反思这一形式将知性与理性沟通起来，其在《判断力批判》中所提出的"反思的判断力"即是对这样一种沟通的理论尝试，在康德看来，"反思一词是与规定相对立而言的"[②]。从这个意义上讲，作为对现象与思维做出规定的语言，当然就成为反思所要"颠倒"的对象。不过在黑格尔那里，真正的反思却恰恰是"进行规定的反思"，是将语言和逻辑视为第一性的客观的反思，在这里，黑格尔实际是通过语言概念这一"自我意识"向逻格斯的注入，完成对语言概念片面性与感性缺陷的扬弃，建立起思辨逻辑在主客观意义上的统一，与中国古代"名与实"的对立统一关系或许可以形成比较。黑格尔逻辑所代表的理性反思是对语言意谓所表征的主观概念向客观存在的颠倒，以及与之相应的反向路径。

① 邓晓芒．思辨的张力［M］．北京：商务印书馆，2008：23.
② 邓晓芒．思辨的张力［M］．北京：商务印书馆，2008：340.

二、路径：在反思过程中建立起的思辨理性

（一）反思的规定性要求自我意识注入逻格斯

思辨哲学意义上的反思表现为“自我意识”的运动过程，黑格尔认为，自我意识是一种既把对象当自我来看待，又把自我当对象来看待的双重化意识。自我意识的这种双重化特征是通过作为逻格斯载体的语言概念呈现出来的，也就是说，语言的使用与其在哲学意义上的“颠倒”，以完成自我意识对逻格斯的注入，使反思的过程具有了某种形式上的表达。黑格尔指出，“人的意识，对于对象总是先形成表象，后才形成概念，而且唯有通过表象，依靠表象，人的能思的心灵才进而达到对于事物的思维的认识和把握”①。其中，作为对表象事物对象化了的人的意识，语言依靠人的“能思的心灵”进入表象之中把握事物内在的逻格斯，作为人化了的对象的东西，语言本身也被看作客观实在，需要通过能动的“反思”进行形式的考察，即对自我意识的反身性思维。邓晓芒认为，黑格尔所谓的反思都具有“反过来思索”，或自我意识的反身性思维的含义，② 而并非跟随在经验事实后面的那种“后知后觉”。因此，有必要对反思的规定性及其范畴进行划分。首先，反思的内容是关于寻求本质的思想追溯。“本质的观点一般讲

① ［德］黑格尔．小逻辑［M］．贺麟，译．北京：商务印书馆，1980：36.
② 邓晓芒．思辨的张力［M］．北京：商务印书馆，2008：347.

来就是反思的观点”①。黑格尔将反思的任务和内容定位于对本质的追求，他以光的反射为例，指出，“反映或反思，这个词本来是用来讲光的，当光直线式地射出，碰在一个镜面上时，又从这个镜面上反射回来，便叫做反映”②。他认为哲学的目的即对事物本质的发掘与认识，我们通常所看到的现象虽不能代表本质，但通过自由意识去追溯现象的过程即反思的过程，就能达成认识本质的最终目的。

其次，思想的追溯过程表现为自我意识的运动。黑格尔认为，“基于思维、表现人性的意识内容，每每首先不借思想的形式以出现，而是作为情感、直觉或表象等形式而出现。——这些形式必须与作为形式的思维本身区别开来”③。形式上的区分并不意味着内在的区别，这一联系是由自由意识运动所产生的“后思”勾连起来的，“由于对这些意识的方式加以‘后思’所产生的思想，就包含在反思、推理等等之内，也就包含在哲学之内”④。也就是说，反思推理包含着自由意识所表征的思维能动性，并以此种能动的反溯作为标志。

再次，自由意识的最终归宿是自我意识，即反思从对象到自我的运动路径。黑格尔说：“意识在它的道路上，便将从直接性出发，追溯到绝对的知，作为它的最内在的真理。”⑤ 反思的过程即意识自由能动的追溯过程，从直接性的对象到绝对的知的过程，同时从路径上看，反思的真正含义是自身反思，是在“他物中的自身反思”。由此，借

① ［德］黑格尔．小逻辑［M］．贺麟，译．北京：商务印书馆，1980：243
② ［德］黑格尔．小逻辑［M］．贺麟，译．北京：商务印书馆，1980：243.
③ ［德］黑格尔．小逻辑［M］．贺麟，译．北京：商务印书馆，1980：37－38.
④ ［德］黑格尔．小逻辑［M］．贺麟，译．北京：商务印书馆，1980：37－38.
⑤ ［德］黑格尔．逻辑学（上册）［M］．杨一之，译．北京：商务印书馆，1977：55.

助于语言概念及其内在逻辑功能，自由意识完成从直接的外在对象到内在自身的能动回溯，而这是“人的思想超越感性世界和意谓而达到客观性和普遍性的第一个现实的、确定的凭证。将语言、普遍的思维规定颠倒为客观的本体、本质和实体，这正是西方逻格斯传统的实质，也正是黑格尔反思概念的实质”①。反观《周易》卦爻象与辞，所有的辞的文本部分均来自象，所有的类比、类推、象征、演绎等逻辑方式均来自卦象的意象涵射，也就是说，《周易》文本描述与吉凶悔吝的推断判断并不是人的主观意识的自由表达，而是源于卦象这一符号图示所内涵的类的本质规定性，卦象图示的内在尺度在此起到了同逻各斯相似的价值功用，成为使得“意识”按照逻辑秩序展开的某种依据，这也符合根据象数阐发义理的客观事实。

（二）反思的判断是关于共性特征的类的判断

自我意识的运动轨迹同时也是其内在的逻格斯不断展现的过程，这是一个反思的过程，其运动的环节包含关于概念的判断、推论等属于形式的方面，其运动的终点是完成对概念的把握。“逻辑形式作为概念的形式乃是现实事物的活生生的精神。现实的事物之所以真，只是凭借这些形式，通过这些形式，而且在这些形式之内才是真的”②，黑格尔将“概念的形式”解释为“现实事物的活生生的精神”，可以被理解为遵循内在逻格斯的自我意识的运动状态，即反思的状态：一

① 邓晓芒．思辨的张力［M］．北京：商务印书馆，2008：355.
② ［德］黑格尔．小逻辑［M］．贺麟，译．北京：商务印书馆，1980：333.

方面，尽管存在着贯通于其中的逻格斯精神，但概念本身所包含的普遍性、特殊性、个体性三个环节彼此仍需要通过形式来区分。“概念，乃是无限的形式，或者说，自由的，创造的活动，它无需通过外在的现存的质料来实现其自身。”①

另一方面，关于形式区分的自由的选择乃是一种“创造的活动”，它是存在于自我意识思维之中的判断活动，“判断通常被认为是一种主观意义的意识活动和形式，这种活动和形式仅单纯出现于自我意识的思维之内。”② 从语言学意义上讲，“按照对于判断的单纯的主观解释，好像是由我附加一个谓语给一个主词，但这却正好与判断的客观表述相矛盾。”而实际上，“只有当我们的目的是在对一个尚没有适当规定的表象加以规定时，才可说是在下判断”③。因此，就反思过程中的判断环节而言，与其说是语言上对尚未规定表象的颠倒，不如说是对所要意识的对象的概念的把握。在此基础上，判断之于反思的整个过程应被认为是一个普遍环节，按照黑格尔的观点，“一切事物都是一个判断”，在他看来，一切事物都以个体形式呈现，而个体事物又是具有普遍性或内在本性于其身的“个体化的普遍性”，即个体化的“类”抑或存在于“类”中的个体，二者虽相互区别但同时又是同一的。在语言逻辑中，从“主词通过谓词而表明其自身与别一事物相联系”到“普遍性被主词的个体性所规定而成为全体性”，实则就是对“类”的语词划分和判断过程，是关于共性或“全体性”的反思。共

① ［德］黑格尔．小逻辑［M］．贺麟，译．北京：商务印书馆，1980：336.
② ［德］黑格尔．小逻辑［M］．贺麟，译．北京：商务印书馆，1980：341－342.
③ ［德］黑格尔．小逻辑［M］．贺麟，译．北京：商务印书馆，1980：242.

性本身就是概念的一个环节，如果说表达就是做出规定，那么从语言意义上深入事物的共性就是做出“分类”这种判断或规定。这种反思判断在黑格尔看来属于“全称判断”，他接着说道：“以个体事物作为反思的基础，我们主观的思维活动，便把那些事物综括起来，而称之为‘全体’。在这里普遍性只表现为一种外在的联结，这种联结作用把独立自存的和互不相干的个体事物总括起来。然而真正讲来，普遍性才是个体事物的根据和基础，根本和实体。”① 这种普遍性的判断指向就是类或共性，也就是个体事物内在的逻格斯。在黑格尔那里，反思的全体性判断将会走向必然判断，即表明对事物进行“排他性的本质的规定性”的判断，其中，“一切事物皆是一类（亦即皆有其意义与目的），皆是在一个具有特殊性质的个别现实性中的类”②，这也是完成概念把握之前的一个必要环节。

“判断在其客观进程中，在不受主观任意干扰的情况下，具有一种使宾语返回到主词的必然趋向，这在逻辑学中被称为反思，在《精神现象学》中被称为思辨。”③ 如邓晓芒教授所言：“真正的反思就是从‘在他物中反思’回到‘自身反思’，就是颠倒之颠倒……它成了一种规定或规范，一种可以把握、可据以思辨地‘预测’和推论的形式法则或规律。这种规律，在黑格尔逻辑学的‘概念论’中是通过‘判断’的学说而确立为一条逻辑原则的。”④ 判断在黑格尔思辨逻辑

① ［德］黑格尔．小逻辑［M］．贺麟，译．北京：商务印书馆，1980：252.
② ［德］黑格尔．小逻辑［M］．贺麟，译．北京：商务印书馆，1980：356.
③ 邓晓芒．思辨的张力［M］．北京：商务印书馆，2008：423.
④ 邓晓芒．思辨的张力［M］．北京：商务印书馆，2008：422.

中作为其辩证法的形式原则具有重要地位，正是在判断与概念的相关学说中，黑格尔明确其辩证或思辨思维的一般形式，并为其“推论”思想提供了基础。而《周易》中包含的“类”与“分类”的归纳早已有之，“类”与“分类”构成了类推类比的基础，在象数义理方面，卦爻名、象、辞以及吉凶悔吝的判断均是从性质上对事物“类”的划分和归纳，生命万物各自属性由八卦衍生类比，“方以类聚，物以群分，吉凶生矣”（《系辞传》）。《周易》正是基于“类”之间的区别划分而推断事物的“类本质”及其发展演进轨迹，并给予吉凶悔吝的卦爻辞判断，“类”成为勾连事物之间内在联系的重要纽带。

（三）反思的推论表现为构成理性本能的类推

推论作为一个能动的概念，首先是一种理性的展现。“推论因此是完全建立起来了的概念；它从而是理性的……因此不仅推论是理性的，而且是任何理性的东西也都是一个推论。”① 人类关于推论的思维又可以借助类的判断更加具体化，由于归纳无法穷尽对所有事物的完全认识，因此便需要一种融入某种特质于所有事物的思维形式，这便是类推。“在类推的推论里，我们由某类事物具有某种特质，而推论到同类的别的事物也会具有同样的特质。类推的方法在经验科学中占很高地位，类推可说是理性的本能。这种理性本能使人预感到经验所发现的这个或那个规定，是以一个对象的内在本性或类为根据，并且

① 邓晓芒．思辨的张力［M］．北京：商务印书馆，2008：403.

理性本能即依据这个规定而作进一步的推论。"① 黑格尔在这一段话中的论说涉及类推作为反思的一种路径在如何进行着自身的运动。

一方面，类推的方法之所以能在经验科学中占很高地位，是因为其摆脱了诗化语言的模糊特征，即由尺度、秩序、特定时空等逻格斯式哲学语言的呈现，在这个意义上，类推才能成为理性的本能。类推的内在动力源于自由意识（意志）自身运动的否定方面，主体通过"自否定"超出对自身边界、规范的限制，能动地判断和规定其自身所属的类。对于掌握和使用这种思维形式的人而言，并不是置身于客观进程之外的静观，"相反，辩证的必然性恰好是把人的主观能动性，把人的思维的自我超越、预测（思辨）能力和创造能力考虑在内，并当作更本质的东西。它要规定的是自由的必然方面"②。当人们通过类推的思维与实践意识到自身与包含着自身的"他物"之间的关系时，就能更真切地体验到自身的本质属性与外在边界，即关于人的类本质的认识。

另一方面，反思路径的推论形式表现为类推，其运行依据在于对事物某种共性"特征"即运动必然规律的把握。其中，必然性是构成整个类推思维中因果关系的关键环节，邓晓芒教授认为，必然性的观点构成了整个西方理性主义和逻格斯中心传统的最重要的理论支柱，它包含三个方面：一是直接性，即必然性总是被理解为同一个东西的内在过程；二是同一性，即两个东西之间的同一性关系；三是时序性，

---

① ［德］黑格尔．小逻辑［M］．贺麟，译．北京：商务印书馆，1980：370.

② 邓晓芒．思辨的张力［M］．北京：商务印书馆，2008：443.

即推动因果关系成立的那个“根据”的必然性是具有一定时序，是一种不可颠倒、不可违背、不可逆转的不自由。[①] 必然性的这三个方面与人的自由意志与能动性之间构成深刻的矛盾对立，而在黑格尔看来，“这种必然性真正说来就是自由。自由不但是比必然性更高的概念，而且它自身现实地建立了必然，一切真正的必然，本质上无非是自由。”[②] 这里的自由并非人的主观任意，而是概念思维的逻格斯，即理性的能动体现，这种自由使得合乎理性的思辨逻辑具有了必然性特征。同时，当人自觉意识到自身的类本质并以此为根据自由推及时，他便在完成一种思维或实践上的“类推”，这实际上也是特定时空中对主客观质料所进行的一种“综合”，是兼具个体能动性与普遍包容性的具体的、特定的过程，基于此人完成了对自身的反思或重新认识，并以某种“进入现实”的方式呈现，因此，能够代表并推动这种自由实现的方式即是反思意义上关于类的推论。

在《周易》的逻辑体系中，表征为“取象类比”与“同质类推”的逻辑思维是一种极富有特点的思维方式，类比的逻辑前提不是语言之间的逻辑关系，而是天、地、人统一于《易》之乾坤、阴阳、刚柔而产生的“交感”，是一种通过阴阳两种矛盾力量的交替、渗透与推移来解释万物的思维运动。[③] 世间万物虽形态各异，但内在关联着的易理却相互融通，由此，不同形态事物之间便存在发生类比的可能，其中，卦象的象征特点为分类、类比提供了符号依据，卦象对事物本

---

① 邓晓芒．思辨的张力［M］．北京：商务印书馆，2008：431.

② 邓晓芒．思辨的张力［M］．北京：商务印书馆，2008：432.

③ 刘玉平．易学思维及其文化价值［M］．济南：山东大学出版社，2011：42.

质属性及其内部各要素关系做出更为深刻和富有张力的判断，如王弼、孔颖达在《周易正义》辞上卷七中所言，“系辞焉而明吉凶，刚柔相推而生变化”，基于不同事物与现象中类的相通之处以及卦爻辞、卦爻象的联系，类比、引申、类推的逻辑推理路径得以展开。

三、形态：通过反思完成思辨逻辑的理性构建

（一）反思中形式逻辑的自我扬弃

黑格尔试图建立的辩证逻辑是区别于亚里士多德形式逻辑的一种新型逻辑系统，它是动态的、历史的、演化的逻辑，同时也是一种反思意义上的能动逻辑。何新认为，“在分类和概念的形成上，传统逻辑认为概念来自人类意识的主观分类。概括某些事物的共同点，加以抽象，形成一类事物的概念，即命名。而黑格尔的逻辑则认为这些类群是在生物演变中自我区分（异化）和抽象出来的。演化就是一个自我分类的过程。”从概念（主体）从判断出发的自我分类，到演化推理的类推，均可以看作在反思中完成的逻辑运动，之于人则是以符号模拟、记录为表征的人的意识的客观产物，同时也是人化了的概念的形成过程。“所以黑格尔的逻辑学中也包涵了认识论（即能够解释思维及概念的起源、本质）”①。不同于现代意义上以数学集合为基础建立的符号数理逻辑，黑格尔逻辑学说强调的是概念自身的历史运动，

① 何新．哲学思考（下册）［M］．北京：时事出版社，2010：18.

同时也是模拟人脑进行类推思维的内在原型，它既不是主观主义和形式主义的产物，也并非不可触及的外在的绝对客观，其对应或扬弃的对象正是形式逻辑所固有的静态观点。

康德试图以“先验”的形而上学克服形式逻辑内在的矛盾对立，而在有关反思运动的观点中，黑格尔首先否定了康德的物自体反思观点，也并不认同康德所提出的反思作为“主观判断力的运动”的说法，他认为先验逻辑所设定的一切判断只不过是基于感性与知性的主观内心状态，“物自体不过是一个抽掉、否定了一切内容的抽象对象”①。而真正的反思应当至少具备某种正在进行的规定，“康德的反思规定虽然已是反思的自我等同关系（例如他的纯粹概念、范畴就是自我意识能动性的体现），但由于它是事先建立的（这些范畴不是从自我意识中推演出来的，而是从形式逻辑那里现成地拿过来的），它对它的那个基础、那个先验的前提就还缺乏彻底的反思”②。在黑格尔看来，反思的规定由于始终贯穿着一条“自否定”的内在精神，它要不断否定它自身，使得自身永远以一种未完成的状态呈现，这种不断的“自否定”状态是将形式逻辑推向思辨逻辑的内在动力。

在形式逻辑中，人们所习惯的乃是表象思维和知性的外在反思，哲学命题是以形式推理而不是“概念返回自身运动”的面貌出现，理性的概念尚无法形成。以“形式的必然性”为例，黑格尔认为，这只是一种把“直接的、不反思的现实”简单接受下来的类似于同一律的

① 邓晓芒．思辨的张力［M］．北京：商务印书馆，2008：365.
② 邓晓芒．思辨的张力［M］．北京：商务印书馆，2008：370.

必然性，而它恰恰是静止的、机械的、孤立的“必然性”或者说仅仅是一种偶然性。“在这里，现实的环节和可能的环节还是僵硬地对立着，各自都成为一个空洞的规定。”① 而反思所内蕴的逻格斯精神正是借助于“自否定”的内在冲动，不断冲破形式逻辑的藩篱，推动自我意识朝着理性的概念发展。邓晓芒教授在谈及反思与理性的关系问题时指出，“黑格尔所接受的西方反思概念一般说来就是指人的思维对感性和直观表象的理性超越，并进而将这种超越了感性表象的理性（逻格斯）颠倒为真正的本质和客观本体”②。他认为西方历来讲求理性的传统，并将理性归纳为四个层次逐步深化的范畴，理性不仅能够被视为辩证法，更是一种“超越”，“即从动物性的、感性的、自在的个别存在超越到精神性的、普遍性的自为存在，超越现象而达到本质，所以理性精神也就是反思精神”③。其实，反思也有它的归宿，只有在概念之中反思才能最终完成它的运动，“概念作为扬弃了反思的反思，已不再只是思维的追溯，而且也是追溯到了的思维本身”④。而此时理性的真义也就开始显现了，在理性的概念运动中，“主观性自身即是辩证发展的，它就会突破它的限制，通过推论以展开它自身进入客观性”⑤。这个过程既是形式逻辑否定自身而趋向思辨的过程，也是一个概念自我演化的能动的历史过程。应当说，《周易》的类比推理逻辑形式是一种“全息性”的逻辑模式，这与形式逻辑要求的一一对应的

① 邓晓芒．思辨的张力［M］．北京：商务印书馆，2008：436.
② 邓晓芒．思辨的张力［M］．北京：商务印书馆，2008：374.
③ 邓晓芒．思辨的张力［M］．北京：商务印书馆，2008：374.
④ 邓晓芒．思辨的张力［M］．北京：商务印书馆，2008：373.
⑤ ［德］黑格尔．小逻辑［M］．贺麟，译．北京：商务印书馆，1980：373.

机械性推理是完全不同的，易理中不同形态事物只要在易理上存在“通”的类的共性，那么经过“变易”“变通”的思维创造，不同事物之间就存在发生关联的可能。

（二）反思中历史概念的自我演化

在形式逻辑那里，概念是单纯由人脑思维加工而成的产物，并不具有在历史中自我演化的规定性，而思辨逻辑中的概念则是反思的产物，是合目的性的概念自身演化所形成的客观发展史。

首先，经历了反思的概念及其分类本身具有实体性基础。何新认为，由生物进化证明了的“自然分类”同时在人类思维中普遍存在，表现为历史中概念自我演化形成的新的集合系统，即“历史概念系统”或“历史概念类集”。① 这一生物进化现象恰恰与黑格尔“概念自我演化”学说具有内在的关联性，虽然从无机物过渡到有机物直至生命的进化具体路径在黑格尔时代未曾得以科学阐释，但就黑格尔思辨哲学而言，概念自身的内在能动性作用下的客观演化，已然从整体主义的视角消解了关于目的性与机械性、化学性对立的争议，概念自我发展演化的目的性作为一种更高阶的原则在整体上统摄机械性与化学性，“客观性的第三形式，目的的关系，这是机械性和化学性的统

① “历史概念集合”是当代学者何新创制的一个概念，从钱学森至何新的信件内容中可以看出：“历史概念集合”是一种递归性的动态历史类集，它吸纳符号逻辑和数学领域的某些成果，可以使辩证逻辑理论形式化，可以将这种递归动态逻辑建立成一个系统化的新逻辑体系。在这种历史系统中呈现着两种逻辑关系，即纵向的抽象关系和横向的类群关系。纵向的系统关系是一种逻辑抽象或自我分类，体现着逻辑的一般性。而横向的类群关系是一种个体集合，体现着逻辑的特殊性。（参见何新．哲学思考（下册）［M］．北京：时事出版社，2010：17－20.）

一。目的，也如机械的客体那样，是一个自成起结的全体。但又被从化学性中展开出来的质的差别的原则所丰富了。所以目的的实现就形成了到理念的过渡"①。在黑格尔看来，目的性中所包含的客观规定性与主观意志同属概念范畴，"我们须从思辨的观点来理解目的，须将目的理解为概念，这概念在它自己的各种规定的统一性和观念性里包含有判断或否定，包含有主观与客观的对立，并且也同样是对这种否定和对立的扬弃"②。从生物进化的历史来看，"生物的自我繁殖所构成的个体之间的连续性，成为建立分类的客观基础"③。进化形态的差异造就了不同的生命形态与生物类种，这种差异的遗传连续性所产生的种群分类，正是经历了反思的概念自我演化的实体性结果——大自然完成的自我概念分类。

其次，在关于概念（目的）自我演化的活动中，概念"一方面否定了表现在目的里的直接的主观性，另一方面否定了表现在手段里作为前提的客体里的直接的客观性"④。以生命活动为例，一方面，作为对目的里直接主观性的否定，历史（时间）的客观不可逆性完全可以被视为生物进化活动的一条规律，生命信息的传导交互、不同类种生物的生长进化无可置疑地被置于历史（时间）的坐标轴中展开，包括人类意识（包括人类自身）也要服从于此；另一方面，生命中存在的理性只能通过思辨的方式才能被理解，生命本身作为一个能动的概念

---

① ［德］黑格尔．小逻辑［M］．贺麟，译．北京：商务印书馆，1980：380.
② ［德］黑格尔．小逻辑［M］．贺麟，译．北京：商务印书馆，1980：390.
③ 何新．哲学思考（下册）［M］．北京：时事出版社，2010：17.
④ ［德］黑格尔．小逻辑［M］．贺麟，译．北京：商务印书馆，1980：391.

存在，需要人类借由从主观到客观的合目的性的“推论”手段加以认识，客观世界的目的性过程最终表现为合乎规律的行动（思维）本身。由此，概念自我演化的内在逻辑得以初步展开。

再者，作为符合反思形式的概念，其演化被客观限定在逻辑与历史的统一之中。何新关于“历史概念系统”的论说似乎可以给出更为具体的说明，从其本人和相关学者的论说中可知，“历史概念集合”反映的是历史（时间）坐标轴中的事物在不同坐标点呈现出的不同形态，如在生物进化的分类理论中，“每一种更高级的新物种，总会把先前较低级物种的内容吸收在自身的结构中……旧物种原本具有的基本特征并不会在新种中消失。相反，祖代的基本特征在变异了的后代机体中被继承和保留着”①。形式上的矛盾甚至对立在历史概念的自我否定和扬弃中得以消解。而从另一个视角看，微观上，同一物种在不同时间坐标中的特征分类与时序呈现出对应关系；宏观上，整个进化表现为一个从无到有、从少到多、从低级到高级发展的“历史箭头”，“每一行列是多数具有一些共同特征的个体的集合体，一些小的集合体群结起来形成较大的次级集合体，较大的集合体又形成更大的集合体，如此类推而发展成为一种自然阶梯性系统”②。生物概念的类推一致于物种进化的历史过程，恰恰反映出生物这个概念在历史中自我演化的逻辑必然。

《周易》始于卦爻象演绎的逻辑方式也呈现出某种由“一”到

① 何新．哲学思考（上册）［M］．北京：时事出版社，2010：46.
② 何新．哲学思考（上册）［M］．北京：时事出版社，2010：48.

"多"的演进进程，其内在一以贯之的则是有机生命的自我演化、自我否定与自我生成，《系辞传》有云，"易有太极，是生两仪，两仪生四象，四象生八卦"。万物生化遵循的即是此种一生二，二生四……生生不息的生命自我繁衍准则，卦象变化将此准则规律模拟表现出来，由卦画"一"的开辟天地至八八六十四卦的演绎变化，由乾、坤之始至未济之终，无不诠释着历史时空中大易之道的逻辑运行。

（三）反思中体验认识的理性复归

反思的判断与推论包含于直观的体验之中。邓晓芒教授在谈及黑格尔理性主义认识论时指出，"不应当直接在判断的形式上去看待黑格尔的理性主义，而是必须透过形式并对其底下的内容加以反思和体验。"接着，他在对这句话的注释中写道："我在这里把反思和体验视为接近的概念，是因为黑格尔的体验思想是建立在概念的反身性形式之上的，而'自身中的反思'则无疑也是一种直接性或直观，具有体验的性质。"在他看来，"反思作为概念的确定性形式出现"，而"体验则作为概念的生命过程的内容出现"。著者认为，二者虽有所区别，但都是趋近掌握黑格尔理性主义认识论的必要路径，人不仅需要作为主体参与到对形式的认识和把握之中，而且只有人才有资格作为主体参与到关于"概念的生命过程"的体验之中，反思的过程必然包含着以人为主体的"自我意识"的体验确证，只有经过这一过程，思辨的理性认识论才有得以建构的可能。

在黑格尔关于"类"的判断和以"类推"为表征的推论学说中，同样能发现其中蕴含的与"体验"有关的思辨观点。黑格尔为了克服归纳推论无法表达客观必然性的问题，引入了类比推论的观点，他认为在类比推论中，中项可以同普遍性达到统一，“这种普遍性是一具体物的自身反思”①，因而也是具体物的本性。在此，以类为表征的中项的普遍性隐蕴于其个别性之中，具体的内在本性外化而具有普遍的本性，“因此它体现为普遍性作为一个具体物的‘自身反思’，也就是内在体验”②。在反思的体验中，“类”以中项的普遍性面貌出现反映客观必然，并且类与类之间的关系也是客观必然的，不仅是语词上的概念区分，也是大自然做出的客观事实。③ 这样，类就作为推论的客观参照，“成了必然判断中贯穿一切的客观实体，它把自身区别为推论的两端……形式与内容就统一起来了”。

同时，黑格尔的类比推论也呈现出相当的思辨色彩。在他看来，不同于演绎推论和归纳推论这两种另外的反思形式，类比推论强调对未知事物而非已知事物的推理，因而表现为一定的超验特性，这种超验性来自对知性的能动超越。在黑格尔那里，思辨概念本身在某种程度上就意味着对现存直观的类比与预测，“类推可说是理性的本能。这种理性本能使人预感到经验所发现的这个或那个规定，是以一个对象的内在本性或类为根据，并且理性本能即依据这个规定而作进一步

---

① ［德］黑格尔．逻辑学（下册）［M］．杨一之，译．北京：商务印书馆，1981：374.

② 邓晓芒．思辨的张力［M］．北京：商务印书馆，2008：502.

③ 学者何新引述生物学家关于生物分类的观点，指出生物学家在建立生物分类的概念系统时，发现存在一种非人工的、存在于生物本身的分类根据。这就是联系在生物个体之间的遗传的连续性。他认为，现实中大自然自身的客观分类，是人为分类即设定概念/集合以及命名的客观基础。（参见何新．哲学思考（下册）［M］．北京：时事出版社，2010：16.）

的推论"[1]。不过，饱含思辨色彩的类比推论虽代表了一定客观普遍性，也要求作为主体参与的生命体验，却仍无法真正摆脱主观性甚至某种程度的神秘性束缚。因此，若想最终实现理性认识的复归，必须完成"从逻辑形式、主观概念向客观概念的过渡。而这个过渡的中介之所以成为中介，又总是由于它本身所具有的直接的体验性。体验是由间接性回复到直接性的活动"[2]。通过体验的中介，人在关于他物的实践中反思到自身，方能在客观概念中把握到那一活生生的实体的东西，而存在于旧有形式逻辑之中那种无限的、无法翻转的、使生命陷入死气沉沉的必然，将透过反思以新的思辨逻辑形式复归于真正的理性。

一般来讲，反思缘起于古希腊逻格斯精神，是精神关于其自身内在本质的能动追溯，是关于思维规律的逻辑把握。黑格尔所意谓的反思是"进行规定的反思"，从来自语言学的颠倒特征开始逐步深入，揭示了隐藏于其中的逻辑的思辨属性，通过语言概念这一"自我意识"向逻格斯的注入，完成对语言片面与感性缺陷的扬弃，建立起思辨逻辑在主客观意义上的统一。反思作为黑格尔辩证法的形式的部分，突出了对精神（自我意识）的外在规定，这一规定在我看来，主要是通过反思中关于"类"的判断与关于"类推"的推论展开的，它超越了事物外在的直观和人的主观意志，是知性在更高级理性认识能力上的展现。而进入思辨逻辑的理性领域，反思的手段及其自身又成

---

① ［德］黑格尔．小逻辑［M］．贺麟，译．北京：商务印书馆，1980：370.
② 邓晓芒．思辨的张力［M］．北京：商务印书馆，2008：509.

为反思自己所反思的对象，表现为作为完成形态的“绝对反思”以一种“进入现实”的方式出现。与之相对的是经历过反思的“概念”在历史中自我演化，在一个历史时间坐标中，概念以“分类”“类推”的推理演化模式能动地展开自己，依时序地在现实中实现自身的外化和客体化，并从这个外化、客体化的现实的“他物”中意识到自己，完成在“他物”中的反思和在自身中反思的统一，这个过程在黑格尔看来就是“体验”。

诚如邓晓芒教授所言，“辩证法的灵魂（否定）是具有形体（综合）的灵魂，辩证法的形式（反思）则是灵魂本身的形式。”① 在他看来，黑格尔辩证逻辑的两大支柱是“反思”和“否定”，它们各自所内在的逻格斯因素和努斯因素，前者代表了理性主义和认识论的倾向，后者则表征着历史主义和能动本体论的特征，“思辨的张力，即逻格斯因素和努斯因素在黑格尔辩证法中的同一性关系……凡是要说的两个不可分割的东西，首先就要把它们分割开来进行说明，否则就无法表明这两者的不可分割性”②。因此，完成对黑格尔“否定”（“自否定”）理念的剖析梳理，是完全搞清楚黑格尔辩证逻辑的关键环节，也是开展与《周易》辩证思想比较研究的必要准备。

① 邓晓芒．思辨的张力［M］．北京：商务印书馆，2008：455.

② 邓晓芒．思辨的张力［M］．北京：商务印书馆，2008：455.

第二节 “否定”的灵魂：努斯精神与能动的本体论特征

唯物史观的核心指向是人类物质生活的现实，其所否定的对象是剥离于历史进程之外精神的抽象，这一众所周知的结论背后所隐含的，恰恰就是黑格尔思辨哲学内在所固有的“否定”灵魂。按照邓晓芒教授的观点，黑格尔辩证法中所存在的生存论因素暗含着生命的自我否定与自我超越间的矛盾。① 而这一矛盾的发生动因在于生命所固有的一个概念——努斯精神。“努斯”这一泛指生命心灵、情感、思想和意志的精神活动，构成了黑格尔辩证法的“自否定”倾向，成为生存论得以提出的内在动因。

一、内核：努斯精神的否定倾向

自荷马时期，努斯精神就作为古希腊哲学中的一个重要命题存在，从阿那克萨格拉提出非物质性的努斯以后，“精神不再混杂于物质之中，或本身表现为物质的微粒、碎片，它置身于物质世界之外，推动、思考和安排这个世界的一切活动”②，一种目的性的生存论指向

---

① 邓晓芒. 思辨的张力［M］. 北京：商务印书馆，2008：38.
② 邓晓芒. 思辨的张力［M］. 北京：商务印书馆，2008：48.

由此出现。与前述逻各斯精神不同的努斯精神，共同构成了黑格尔思辨哲学中的理性要素，前者表示客观规律的形式化与尺度化，而后者则注重精神、智识的能动性，只不过这一能动性的内在发生机制从属于现实的生命本身，其外在表现也不是杂乱无章而是充满了理性方式。经过古希腊哲学漫长的演绎发展，贯穿着努斯精神的生存目的论从“善”的伦理意指中找到了新的思想归宿，伦理道德等精神活动的能动作用肯定了生命自身冲破现实与时空束缚的内在张力，一方面个体生命通过在特定时空中的“自否定”来调节自身与外在世界的关系，另一方面也在同外在世界的对立与互动中改变着对方，这两方面运动都蕴含着生命自由意志的能动特征，而促动其发生的根源在于努斯精神，在著者看来，黑格尔能动的本体论特征即是对上述生命运动的理性阐释。

不过，黑格尔并没有单纯以努斯精神的生存目的性视角审视事物的运动规律，而是将以精神活动为主线的辩证哲学建构立足于其宏阔的历史哲学结构之中，“否定”作为这种辩证逻辑的主要特征，不是对历史中现实的、个别的矛盾和差异不做修正地批判或消弭，希冀通过消解不同历史和文化维度中彼方逻辑的张力以达成自身理论的自洽，而是从事物发展的内在生成，统摄、协调并最终完成矛盾差异以建立绝对理念为标志的统一，由此来看，黑格尔言中的“否定”并不是“自我的”或“自在的”，其所仰仗的历时性与共时性根植于现实的历史进程，根植于对这种历史进程中事物自身的“自我批判”，以及在“自我批判”基础上因旨在达成历史与逻辑统一的“现实”目的而不断进行的“自我改造”。在马克思看来，完成自我改造的目标和路径就是实践，“一个本身自由的理论精神变成实践的力量，并且作为一种意志走出阿门赛斯的阴影王国，转而面向那存在于理论精神之外的世俗的现实”①。

首先，黑格尔辩证哲学中的“否定”是一种贯穿着自我意识自由运动演进的“自否定”。在黑格尔学说语境中，自我意识及其经验性自身的一体化过程也是自我意识“自否定”的过程，另一方面是自我意识向其自由本性的复归，即“自否定不是已然状态的描述，而是对一种正在进行的、可能变成困局的辩证过程的描述”②。实际上，“自否定”所体现出的辩证过程即是从事物内部生发出的一种旨在追寻改变的反向力量，表征着一种将要历经转向的螺旋式发展的起点，而这一过程的发生场域只能存在于单个意识之中。另一方面是自我意识对单个的意识的否定，即自我意识的自否定，“自我意识只有扬弃个体性生命的单纯欲望并具有类意识，才是自由的”③。在这两方面“自否定”的运动中，自我意识成为进入“类”环节的自由意识，并因附着于生命体而获得了有限的生命自由。

其次，黑格尔辩证哲学中的“否定”蕴含着自我意识的类生命特质。不过，这种类生命特质并不从属于自我意识本身，而是同自我意识所意识到的经验世界相依存，只有在能够与经验世界发生关联的真正的生命那里，自由意识才是自由的。如尹峻所述，“自我意识的经

① 马克思恩格斯全集：第40卷［M］．北京：人民出版社，1982：258.

② 刘森林．“辩证法”的再启蒙——《启蒙辩证法》的辩证法观［J］．吉林大学社会科学学报，2017（02）：133－141，207.

③ 尹峻．所予、统觉与自我意识的辩证运动——当代分析哲学视域中黑格尔对康德的批判［J］．山东社会科学，2016（10）：26－32.

验性自身作为自我意识的对象要进行自否定而不是他否定，即成为一个不是为了世界的，而是为了自我意识的自我意识。这表示，它的生命不能作为纯粹的我而独立生存，而必须依赖有生命的‘别的自我意识”①。在这一层面理解黑格尔自我意识的自由性，就不得不着眼于个体生命的理性，它同形式逻辑中的必然的因果性有着本质的不同，是以个体生命中存在的努斯精神作为内核的辩证理性作为表征，将这样一种类生命的理念作为对形式主义束缚的否定。

最后，黑格尔辩证哲学中“自否定”的最终指向是有意识的人本身。正是因为人的认识的有限性与经验世界的无限性之间巨大的鸿沟，人只有通过“否定有限的概念规定来代替无限的认识形式，这种代替者就是辩证法”②。以人的繁衍和再生为表征的自否定，使得生命本身具有了一种调节自身与外在矛盾的张力，人的成长、繁衍、求生等有意识的生命活动使人自身与外部世界产生交流并在这种交流中发展自身，个体不断的“否定”直至个体的死亡与新的个体以及人类整体的成长和延续在同一历史维度中展开，“类”的生命辩证活动成为黑格尔“自否定”概念在关于人的场域中的现实反映。

作为对黑格尔辩证法“合理内核”继承所产生的唯物辩证法——马克思的辩证法中，事物的“自否定”概念也一直是其中应有之意，这一点可以从曾为青年黑格尔派的马克思的早期思想中显现，马克思在其博士论文中比较了伊壁鸠鲁与德谟克利特的哲学差异，他所青睐

① 尹峻．所予、统觉与自我意识的辩证运动——当代分析哲学视域中黑格尔对康德的批判［J］．山东社会科学，2016（10）：26－32.

② 王天成，邵斯宇．生命的辩证性与辩证法［J］．社会科学战线，2017（03）：1－8.

的伊壁鸠鲁“快乐主义”的现实指向是关于人的价值所在，其哲学基础“原子偏移”即是对德谟克利特“原子论”的否定，原子的自由意志使原子自身发生偏移，这种“类生命”的能动性打破了物质世界与精神世界之间僵化的壁垒，正是“原子”内在的自我意志在对其自身的“偏移”这一否定中，原子成为有意识的“类生命”并因此获得“自由”，而事实上伊壁鸠鲁“原子偏移”论所要投射出的观点，就是人是自由意志的存在。

应当说，《周易》辩证逻辑自始就充满着能动的生命活力，其内含“自我意识的类生命特质”在象数中表现为卦象的符号图示，在义理中表现为卦爻辞文本。作为“宇宙符号学”的卦爻象，从阴阳、刚柔、强弱等不同维度摹写着现实生命的状态，并在六十四卦的更大场域赋予风雨雷泽、金木水火等多样性具体事物以类生命属性，它不是沿着黑格尔逻各斯精神先验的理念尺度，也并非努斯精神自由意志的主观想象，而是以现实世界生命体的运动经验为模板，辅之以先哲圣人的伦理哲思改造所积累、沉淀出的一套“格物致知”的逻辑体系。

二、外化：能动的理念生命

黑格尔将理念发展的过程视为一个生命的演化过程，这一观点的提出同他极为重视理念在历史时空中的演化状态密不可分。在《小逻辑》一书中，黑格尔以生命体的化学构成元素为起点，将幼体、成体、衰老直至死亡的整个生命活动过程等同于理念的发展过程，“直接性的理念就是生命"①。而主导这一发展过程的动力，即内在于生命体及其自身运动发展的那种努斯精神的否定冲动。当努斯精神外化时，生命体所固有的能动性将得以显现，"这有生命之物于反抗它这种无机自然的过程里因而保持、发展并客观化其自身"②，本质上就是一种自我的否定。因此，我们虽然可以说黑格尔所谓的理念之说抽象且晦涩，但当这一饱含思辨色彩的论述进入历史维度与生命维度后，理念的生命特征得以外化并具体，"生命在它的肉体里只是作为辩证的过程和它自身相结合。生命本质上是活生生的东西"③，而其中蕴藏的"自否定"过程所展现的即是一种思辨逻辑。

其一，否定的外化基于量与质的互变。在邓晓芒教授看来，从古希腊哲学关于无限（无定型）到有限（有定型）之间过渡的关系中，可以探寻到否定在质量互变规律中所起到的作用，这也是黑格尔所注意到的一个焦点，"因为对这一关系的阐释涉及（到）否定与肯定的关系（无限、无定型相当于否定，有限、有定型相当于肯定）"④。正如黑格尔所指出的，"无限，作为否定之否定的肯定，除了包含'有'与'无'，某物与别物等抽象的方面以外，现在是以质与量为其两个方面。而质与量首先由质过渡到量，其次由量过渡到质，此二者都被表明为否定的东西"⑤。否定的外化需要有一个基质和尺度，它以量为反映，其表现形式既可以是诸如毕达哥拉斯学派的"数"的抽象，也

① ［德］黑格尔．小逻辑［M］．贺麟，译．北京：商务印书馆，1980：406.
② ［德］黑格尔．小逻辑［M］．贺麟，译．北京：商务印书馆，1980：409.
③ ［德］黑格尔．小逻辑［M］．贺麟，译．北京：商务印书馆，1980：406.
④ 邓晓芒．思辨的张力［M］．北京：商务印书馆，2008：298.
⑤ ［德］黑格尔．小逻辑［M］．贺麟，译．北京：商务印书馆，1980：239.

可以是智者学派关于“有定型”与“无定型”的演绎发展，质与量的转化是在本质这一相同维度中进行的。在质与量两种尺度的交替变化中，二者相互否定彼此而又统一为彼此，作为事物自身领域的两种规定性而存在，质与量“不再以外在的漠不相关的独立性出现，而是作为统一基质的一个环节而与它的对应环节成对地出现，它们没有一个是由外在反思与另一个规定联系起来，而是每个规定都是自身联系到另一个规定才建立起来”①。不论是由量到质抑或是由质到量，否定本身作为一种“无限”的绝对，始终贯穿于事物发展变化的整个过程之中，这一无限的动力是本质能动性的展现，它左右着自身并推动着事物扬弃自身又回到自身，不断向更高一个层面发展。

其二，否定的外化拒斥机械的渐进。事物内在的“自否定”所要表达的，正是理念的能动属性，它绝不会屈从于物质运动的机械主张，而必须从一成不变的渐进过程中找到打破矛盾二元平衡的自身生命动力，以否定的方式呈现一种“飞跃”状态。列宁高度评价辩证法的重要性和决定性理论地位，为了适应俄国革命的发展需要和马克思主义理论发展完善的内在逻辑要求，列宁在1895—1916年专门研读黑格尔《逻辑学》著作时，曾专门就黑格尔的辩证思想写下大量批注、摘录和文论，这些论说充满关于唯物辩证法的主要观点、深刻见解和理论价值。其中，列宁在1914年9月至12月所著的《黑格尔〈逻辑学〉一书摘要·存在论》中指出，“辩证法是一种学说，它研究对立面怎样才能够同一，是怎样（怎样成为）同一的——在什么条件下它们是

① 邓晓芒．思辨的张力［M］．北京：商务印书馆，2008：301.

相互转化而同一的"①。列宁认为，黑格尔辩证逻辑的主线是研究矛盾着的方面彼此之间的转化，转化意味着渐进过程的中断，意味着质的飞跃，而转化的内在动力则需要一种能动的力量，在把辩证法要素划分为16条具体形态时，列宁在其中的第3条和第4条着重标示，即"这个事物（或现象）的发展、它自身的运动、它自身的生命"，以及"这个事物中的内在矛盾的倾向（和方面）"②。在这里实际上包含着两种不同类型的辩证要素，一方面是事物（现象）自身的能动发展，另一方面是事物内部两种对立倾向的发展，不论是哪一种类型，均不是基于机械性的目的和方式发生的变化，而是在同一个事物之中新质对旧质"否定"、内在矛盾互相拒斥"否定"的生命场域中进行。同时，列宁将人的认识作为承载这种能动力量——否定的外化载体，"为什么人的头脑不应该把这些对立面看作僵死的、凝固的东西，而应该看作活生生的、有条件的，活动的、彼此转化的东西"③。这样，理念的辩证就从抽象的思维进入现实的精神世界，如列宁指出的，只有通过辩证路径，认识才能完成向客体的运动，人的认识过程作为一种本身充满生命特性的能动活动本身就具备着现实的实践属性。

其三，否定的外化表现为理念实体"自否定"的永不停歇。从内容上看，黑格尔视阈中的"自否定"所观照的是从属于事物自身的矛

---

① 列宁专题文集·论辩证唯物主义和历史唯物主义［M］. 北京：人民出版社，2009：140.

② 列宁专题文集·论辩证唯物主义和历史唯物主义［M］. 北京：人民出版社，2009：140.

③ 列宁专题文集·论辩证唯物主义和历史唯物主义［M］. 北京：人民出版社，2009：132.

盾，“它是本质的统一体，这个统一体不是通过一个他物的否定，而是通过它本身的否定，才与自身同一的。”① 从形式上看，黑格尔的“自否定”是理念实体的“自否定”，是由理念自身主导的运动方式，自由意志内涵努斯精神的生命冲动驱使着理念一刻不停地运动，如前所提及的，伊壁鸠鲁原子偏斜理论所喻示的原子偏斜运动，正是对机械因果关系反叛和否定的表征，只要理念实体存在，那么这种运动就不会停歇。列宁极其看中黑格尔辩证法中所谓“自己运动”原则，列宁认为运动与自己运动是“自生的（独立的）和天然的、内在的必然运动”，并且“变化，‘运动和生命力’，‘一切自己运动的原则’，‘运动’和‘活动’的‘冲动’——‘僵死存在’的对立面，——谁会相信这就是‘黑格尔主义’的实质、抽象的和 abstrusen（费解的、荒谬的）?”② 实际上，作为对立面存在的“一切自己运动的原则”就是“黑格尔主义的实质”，只不过这是一种需要“揭示、理解、拯救、解脱、澄清”的实质，在列宁看来，马克思和恩格斯就做到了这一点。③

三、建构：主客体的辩证与统一

在黑格尔看来，理念的生命本体特征体现为其能动统一主客体的

---

① ［德］黑格尔．逻辑学（下册）［M］．杨一之，译．北京：商务印书馆，1981：59.

② 列宁专题文集·论辩证唯物主义和历史唯物主义［M］．北京：人民出版社，2009：133.

③ 列宁专题文集·论辩证唯物主义和历史唯物主义［M］．北京：人民出版社，2009：133.

巨大张力。黑格尔看到了理念生命中的"自否定"成为主客体辩证关系中对立双方中介的可能，理念作为一种客观存在，既是生命体（人）认识世界的思维状态，又是足以改变客观存在的自由的主体思想产物。"只有思想的这种普遍自由的能动性，才能将僵死的客观材料燃烧起来，使固定的规定流动起来，才能扬弃主客观之间、思维与存在之间的僵硬的对立"①，在生命自身的体验与经验中确证它的客观实在性。

第一，主客体的辩证统一仰仗于要素整体的能动性。能动的本体论是黑格尔辩证逻辑的显著特征，在"自否定"的动力驱使下，事物中的主客体关系同时受到来自逻各斯因素与努斯因素的双重影响，作为一个不断分化又不断"回到自身"的整体，主客体关系是在能动的理念框架中建构起来的。邓晓芒教授认为，黑格尔虽把知性的外在综合与辩证的综合区分开来，但实际上并不因黑格尔强调差异、分化和矛盾而使其对综合的偏重有所动摇，因为"这一切无非都是为了达到综合"②。在他看来，黑格尔所说的"生命是结合与非结合的结合"以及其在《逻辑学》中强调的"真理只有在同一与差异的统一中，才是完全的，所以真理唯在于这种统一"是一脉相承的，这反映出黑格尔辩证逻辑的实质，即整体的能动性和能动的整体性这种"综合哲学"的实质。③ 对于黑格尔哲学论域中的理念而言，主客体之间的关系要素既是不断转化的也是不断消弭的，理念内涵中的"自否定"动

① 邓晓芒．思辨的张力［M］．北京：商务印书馆，2008：551.
② 邓晓芒．思辨的张力［M］．北京：商务印书馆，2008：452.
③ 邓晓芒．思辨的张力［M］．北京：商务印书馆，2008：452.

力促动其自我分化、自我判断和自我分类，理念本身就具有一个能够覆盖他物的普遍性，主体的自由与能动性在对他物（客体）的反映和在他物的体现中回到自身，从而建立起主客体关系的辩证统一。不论在“存在论”“本质论”抑或“理念论”中，主客体辩证关系总是存在的，并且在同一个过程中逐层演绎，只是最后的落脚点会指向具体，作为辩证过程的最后一个阶段，具体的个别就是反思的内容与形式的统一，是“自否定”动力最终的呈现之物，“在这里，辩证法的灵魂（否定）是具有形体（综合）的灵魂，辩证法的形式（反思）则是灵魂本身的形式”①。

第二，主客体的辩证统一否定了形式逻辑的主观外在性。从结果上看，黑格尔辩证哲学中主客体辩证统一关系的建构，基于的是“自否定”带来的能动效用，而从过程上看，“自否定”所“否定”的则是形式逻辑静止的规定性与主观外在性。众所周知，黑格尔辩证逻辑构建的基础来自对康德先验哲学的批判，其主要批判的焦点在于先验哲学对传统形式逻辑批判的不彻底性，邓晓芒教授认为，“康德揭示了传统形式逻辑的主观外在性和抽象性（僵化性），但他自身仍陷于这两种缺点”②。康德所发现的认识本质所有赖的“自我意识的统觉的综合统一”只是机械的、简单的、外在的综合统一，而不具有内在的能动属性，就如同他将心灵、上帝和宇宙同设为不可知的物自体那样，任何跨越理性的知性范畴都将面临“二律背反”的悖论。也就是说，

① 邓晓芒．思辨的张力［M］．北京：商务印书馆，2008：455.
② 邓晓芒．思辨的张力［M］．北京：商务印书馆，2008：463.

黑格尔认为康德先验统觉所排斥的是“外在目的或有限目的”，而“目的”本身则是“反思的判断力所据以规定有生命的自然产物的原则，是一种能动的概念，一种自身决定而又能决定他物的共相”①。因此，康德所认可的逻辑形态仍停留在形式的抽象里，在那里，形式逻辑并没有超出它本身所确定的范畴，形式只是形式，并不具有一种内在的目的指向或价值尺度，目的的外在性决定其只能作为质料向逻各斯的形式中“填充”，而不能从形式中生长出来。除此之外，主观的外在性也是黑格尔所批判的形式逻辑范畴，黑格尔并不认为康德所主张的目的的理念具有客观实在性，“因为目的的理念仅仅被解释为一种实存并活动着的一个原因，这原因又仅仅被看作表象，亦即主观的东西”，而康德哲学中作为最后目的的善的观念，又只是一个没有规定性的抽象概念，一种“并无实在性的东西，或者只被认作一种信仰，只有主观的确定性，但没有真实性，换言之，没有具有符合那个理念的客观性”②。在著者看来，黑格尔批判的是僵死的、机械的、需要主观的外在性规定的封闭形式，他所主张的则是具有能动性、自由实现自身的形式，是内涵目的指向的自觉的形式，在这一形式的逻辑演绎中，形式将发展为能够反映自身的内容，“所以，形式就是内容，并且按照其发展了的规定性来说，形式就是现象的规律”③。这其实也就是黑格尔辩证逻辑对形式逻辑的否定，即“形式逻辑本身的自否

---

① ［德］黑格尔. 小逻辑［M］. 贺麟，译. 北京：商务印书馆，1980：146.
② ［德］黑格尔. 小逻辑［M］. 贺麟，译. 北京：商务印书馆，1980：147.
③ ［德］黑格尔. 小逻辑［M］. 贺麟，译. 北京：商务印书馆，1980：279.

定，是形式逻辑所达到的自觉和反身性，或真正彻底的反思”①。

第三，主客体的辩证统一在经验世界中回到生命自身的客观实在性。在经验世界中，生命体验是个体生命专属的独特感受，黑格尔拒斥将主客体的辩证统一建构于一种外在的抽象推理，而是将康德所谓心灵的物自体拉回到现实的经验世界，主张在人的直接的心灵体验基础之上，洞悉和把握尚不可知的事物。人的直接体验所包含的需求和意欲，在黑格尔看来是“目的的最切近例子”，因为只有在人的机体内，人才能感受到矛盾，并因此“引起一种否定性的活动，去对这种还是单纯的主观性的否定性（或矛盾）加以否定。需要和意欲的满足恢复了主观和客观之间的和平”②。正是在体验的活动里，作为生命的人通过需求和意欲的展开实现了生命本身同时作为目的与同时作为手段的统一，同时也完成了对主客体二者的否定，“它一方面否定了表现在目的里的直接的主观性，另一方面否定了表现在手段里或作为前提的客体里的直接的客观性”③。

相对来看，《周易》逻辑思维的全部观念都是具有某种整体性指向的，只是这种整体性关联所指向的不是具体某一物或物物之间，而是宇宙万物整体合一的“天人指向”。其中，发端于人内心直觉体验的“感应”对“合一”起到了关键性作用，而“感应”的发生基础则又源于原始人类早期思维的某些特征，即借助符号图示的“分类”“归类”功用而生成的丰富想象力，以及基于长期劳动实践所积累的

① 邓晓芒. 思辨的张力［M］. 北京：商务印书馆，2008：467.
② ［德］黑格尔. 小逻辑［M］. 贺麟，译. 北京：商务印书馆，1980：390.
③ ［德］黑格尔. 小逻辑［M］. 贺麟，译. 北京：商务印书馆，1980：391.

感性经验。这些看似原始的思维特征在《周易》象数思维中得以具体体现，以坤卦为例，卦辞“履霜，坚冰至”，不同于黑格尔概念或理念的语境之中，正是在具体时空中与生命自身客观实在的维度中，人才能对天气变化产生联想与推断，而经《易传》的哲学化、伦理化解释后，坤卦的卦爻辞得到更为多维的阐释演绎，包含着人的现实体验与情感取舍的文本注解以《传》的形式融于《经》，最终共同构成了《周易》辩证逻辑的全体。

第三章

易象观与“反思论”：两种辩证形式的内在根据

《周易》内含的易象观与黑格尔辩证哲学中的“反思论”是各自归属于不同历史时期和文化向度的两种理念体系。如前所述，不同于《周易》“原始”的直观符号思维，“反思论”表征了黑格尔辩证哲学的逻各斯精神的外化形式，这种形式的基本要素由概念的语言呈现，在黑格尔看来，东方思想占主导地位的是“实体的直观”，西方则是“反思的主观性”，即以自我意识为逻辑基点的主客体在本质规定性上或某种形式尺度上的统一（德国古典哲学自康德以来的“人为自然立法”理念在此仍有所显现）。可以说，易象观是《周易》整个符号系统及其逻辑图示的集中阐发展现，是出于“原始”直观而又经过漫长历史文化沉淀的逻辑思维的集大成体，代表着一种专属于东方人类劳动实践的符号直观。事实上，中国文化发源于一个富含思想、观念、逻辑甚至体验的易象符号之“有”，而非单纯抽象抑或不可捉摸的思维范畴之“无”，这是著者在对易象观与“反思论”的比较阐发中力求论证的。

第一节 “八卦生万物”：生命运动演进的潜在逻辑图示

《周易》易象发端于八卦符号，由阴阳爻的不同排列分组表示。《系辞传》有云：“古者包牺氏之王天下也，仰则观象于天，俯则观法于地，近取诸身，远取诸物，于是始作八卦，以通神明之德，以类万物之情。”易象之“象”，即为“类比”，“近取诸身，远取诸物”是以符号模拟的方式将经验直观简化为卦画与阴阳爻的抽象，“拟诸其形容，象其物宜，是故谓之象”（《系辞传》）。因易象的符号取象源自天地万物，是经验世界在人脑中的抽象反映，故能具有“广大配天地，变通配四时”之价值功用，为人获取知性乃至理性提供了丰富的观念质料。那么，在人这一生命体自由而有意识的活动中，原始符号系统是如何一步一步建构形成的呢？诸如“八卦生万物”的内在辩证逻辑是如何呈现的呢？回答这些问题还应运用唯物史观，从人类生产劳动这一推动符号系统创制的基底因素出发，在历史演进的范畴中予以探讨。

一、劳动实践：八卦符号系统创制的历史基底

德国文化哲学家恩斯特·卡西尔认为，与其说人是理性的动物，倒不如说人是符号的动物。他用符号将人与动物的本质区分开来，在

他看来，动物只是对信号做出了本能性的条件反射，它们所有的行为都围绕着现实的“事实”进行，而人则努力利用有意义的符号创造着某种“可能性”，包括数字和语言概念在内的符号系统的建立都是人类试图创造一个理想世界的自觉活动。[①] 在这种自觉的改造世界的活动中，劳动构成了人类文化符号的生成基础，卡西尔在论及其著作《符号形式的哲学》时指出，“人的突出特征并不在于其形而上学本性或是物理本性，而是人的劳作。正是劳作这种人类活动的体系，规定和划定了人性的圆周”。人类由此产生的“语言、神话、宗教、科学、艺术等都是这个圆周的各个扇面”。[②] 劳动正是人类逐步摆脱动物属性而获得“人性”的重要途径，符号系统的创制不仅展现为人对客观经验世界的模拟类比，更展现为以人自身创造性劳动为基底所构建形成的人与自然的有机整体——文化的历史。[③] 以周易符号八卦为例，抽象为卦画的符号凝结了古代中华民族生产劳动的经验智慧，作为一种生产活动结成的“文化产品”而保留下来，人们在改造自然的过程中创制了八卦，同时也经历着一种自觉的“创智”过程。

余金成教授从人性视角审视人类生产劳动活动，他认为，唯物史观所揭示的人性内涵可体现为自然性（内容是物质性，形式是个体性）和文化性（内容是精神性，形式是社会性），人类发展规律一方面肯定了物质运动过程为内容，另一方面又肯定了以精神发展为形

① ［德］恩斯特·卡西尔. 人论［M］. 甘阳，译. 上海：上海译文出版社，2013：5.
② ［德］恩斯特·卡西尔. 人论［M］. 甘阳，译. 上海：上海译文出版社，2013：8.
③ ［德］恩斯特·卡西尔. 人论［M］. 甘阳，译. 上海：上海译文出版社，2013：9.

式。① 人的物质性内容以满足自身生存需要为出发点，驱使着人必须从事改造自然的劳动而获得生命延续的基本条件，同时，人又必须服从于自然界（表现为对自然规律的服从），并以此作为人性中文化性构成的先决条件，唯有更加全面地把握自然规律并遵循其从事劳动，古代人类作为一个种群才具备生命延续的可能。这两方面进程都统一于一个自觉的生命活动——劳动。不论在个体劳动或集体劳动中，人所具有的思维能力都是区别于动物的“劳动”的必要因素，思维能力的图示表现为符号，形成从精神层面对劳动对象的第一次思维处理。在远古原始生存环境中，人类群居的“社会化”倾向又对业已形成的符号系统带来社会性和超时空性影响，从整体性上形成了对劳动对象的第二次思维处理，使之能以一种“文化”的形式沉淀下来并在重复劳动实践的过程中不断得到完善。在一个动态历史沉淀过程中，人为了满足自身生存和生殖繁衍所进行的生产劳动，其劳动成果的累积方式很大程度上是在精神层面完成的，而精神成果又必须通过符号系统被记述下来。可以说，人类特有的符号系统最终全面再现了人类以往劳动的整体过程，并以一种超时空的智力累加方式，完成了劳动精神成果的存续与累积，通过对这些业已形成的精神成果的学习，人类有效提升了再次面对劳动对象时的思维处理能力。以符号思维为载体的人的思维能力的不断提升，促动整体人类冲破动物性、物质性的本能束缚，终究将人类自身与自然界区别开来，将人性中的文化属性生动

① 余金成．人性界定与人类发展规律（上）［J］．河北师范大学学报，2005（03）：15.

展现出来。

如前所述，人的第一需要是满足自身生存和再生产条件（生命繁衍）的基本需求，八卦符号系统正是在满足该需求的劳动实践中逐步被抽象、被构建的，那么这一构建过程的内在机制和外部条件又是怎样的呢？按照现代人类学者的观点，“就原始人能在空间中进行各种技术活动而言，就他能测量距离、划行木舟、把鱼叉猛投向某个目标等活动而言，原始人拥有一个与现代人并无区别的空间观念。但当他们使这种空间成为描写和反省思维的对象时，却产生一种根本不同于任何理智化描述的原始观念，这种观念与主体密切结合，更多表现为一个表达感情的具体概念。”① 古代人类的空间感并不相似于现代人类从几何学意义上表达的抽象空间概念，他们从事生产劳动所仰仗的是一种遵循自然又植根主体的系统的宇宙秩序观念，也就是说，一方面“原始思维没有能力思考一个空间的体系和框架”②，他们与自然仍保持着一种高度的统一性和同质性，但另一方面，他们“通常赋有一种异乎寻常的敏锐的空间知觉”③，只有这样，古代人类才能更加熟悉他周围一切微小自然气候、环境状态、地理方位的变化，并以此为依据从事满足其生存繁衍的生产劳动。由此，古代人类每进行一次劳动实践，他们脑中必然就要经历一次对过往成功或失败经验的回忆，而回

① ［德］恩斯特·卡西尔．人论［M］．甘阳，译．上海：上海译文出版社，2013：76.

② ［德］恩斯特·卡西尔．人论［M］．甘阳，译．上海：上海译文出版社，2013：77.

③ ［德］恩斯特·卡西尔．人论［M］．甘阳，译．上海：上海译文出版社，2013：77.

忆的过程就是想象、体验、提取其中可能有益于当下劳动的符号图像片段。对古代人类而言，只要还面临生存需要就必须重复这一思维过程，而只要重复这一思维过程就不可避免地需要回忆和印证过往的经验图像，并在下一次新的劳动中生成新的图像，物质性的生存压力催生着人脑中内在想象力图示不断勾连，并最终将符号这一思维和记忆的“精神沉淀”记述下来，构成劳动作用于符号系统形成的内在机制。相应地，由不同自然地域的心灵体验与对原始宇宙时空秩序的高度知觉所酝酿出的是存在差异的符号性感受，尽管中西方古代人类所具有的这些感受均依赖和依据过往的劳动经验与实践认知，但不可否认，外部自然条件导致的符号系统意谓差异，并由此累积生成的民族间文化文明的差异不可避免。历经劳动实践的中华古代民族在植根中国的地理环境中创制出八卦这一富含智慧的东方符号系统，即是在对作为劳动对象的环境地理要素不断累积实践性感知的基础上生成的。因此可以说，东亚大陆气候环境和自然风貌为中国古代先哲从事劳动生产活动提供了特有的外部条件。

二、易象图示：中华民族思维与想象力的显现

一般说来，符号代表着信息的传达形式，包括语言、声音、数字、图像在内的广义符号系统集合了人类文化思维的内容，以一种类似于信息代码的属性储存、传递、交换着一定的社会规则与价值理念。八卦符号系统的创制构成了易象图示的基础，中国古代先哲据此又演化生成六十四卦、太极图、河图洛书等易象图示，全面展现出中华民族

的思维特质与文化品格，易象图示又包涵着中国古代先哲通过劳动实践所累积沉淀的信息物质，并以一种智力成果的载体形式呈现出来。本书在第一章已从多个视角论证过八卦、太极等符号系统的易象内涵和价值，在此不再赘述，下面主要从中国直觉思维与西方语言思维的比较分析入手，从八卦符号系统中意象、类比思维模式及其对中华民族集体思维影响的角度再做阐释。

德国古典哲学包含了对符号图示最为丰富的思维探讨。哲学巨匠康德虽着眼于先验综合范畴探讨图示的思维价值，但他已敏锐地注意到图示及其背后隐藏的人类特有联想和想象力之于逻辑思维所产生的巨大效用。康德认为，人类对于现象具有先天直观能力，是一种可以被称为对感性直观杂多的综合能力，表现为“形象”和“知性联接”两种先验的综合，综合能力需要想象力的引入，“想象力是把一个对象甚至当它不在场时也在直观中表象出来的能力”①。人类依靠想象力对先天的形象综合与知性综合的思维加工为“智性综合”提供了条件，就通过生产劳动满足生存所需而言，这种想象力也可被称为“生产性的想象力”②。在康德看来，沟通感性杂多和知性的联结之物，就是想象力的图示。一方面，想象力图示包含着经验性的感性杂多，是经验对象在特定时空中“刺激人的内感官而产生的一种联结”，比如

① ［德］康德．康德三大批判合集（上）［M］．邓晓芒，译．北京：人民出版社，2017：89.

② ［德］康德．康德三大批判合集（上）［M］．邓晓芒，译．北京：人民出版社，2017：90.

"我们不在思想中引出一条线，就不能思维任何线"①，此构成所谓"形象"的层面。而另一方面，想象力图示在人脑中印刻出一个知性范畴，以此作为逻辑演绎的根据，最终以语言的规定形式将其固定并形成概念。康德认为，"每当把一个对象归摄到一个概念之下来时，对象的表象都必须和这概念是同质的"②。知性概念需要一个与其"同质"的对象表象，而"作为知性概念的图型对于现象被归摄到范畴之下起中介作用"③。因此，图示的同质特征成为其沟通知性与感性杂多的必要条件，而"图示就其本身来说，任何时候都只是想象力的产物。于是，想象力为一个概念取得它的形象的某种普遍的处理方式的表象，我把它叫作这个概念的图型"④。这样一来，康德就将人类感性杂多的经验归摄到一个更为高级的图示范畴当中。同时，康德还以时空和人的感官为坐标，提出"实体的图示""因果性的图示""可能性的图示"等若干划分，并指出图示所内涵的规则属性，如"狗这个概念意味着一条规则，我们的想象力可以根据它来普遍地描画出一个四足动物的形状，而不局限于经验向我们呈现出来的任何一个唯一特殊的形状，也不局限于我能具体地表现出来的每一个可能的形象"⑤。不

① [德] 康德. 康德三大批判合集（上）[M]. 邓晓芒，译. 北京：人民出版社，2017：91.

② [德] 康德. 康德三大批判合集（上）[M]. 邓晓芒，译. 北京：人民出版社，2017：122.

③ [德] 康德. 康德三大批判合集（上）[M]. 邓晓芒，译. 北京：人民出版社，2017：122.

④ [德] 康德. 康德三大批判合集（上）[M]. 邓晓芒，译. 北京：人民出版社，2017：123.

⑤ [德] 康德. 康德三大批判合集（上）[M]. 邓晓芒，译. 北京：人民出版社，2017：124.

过在康德那里，“知性的图型法通过想象力的综合而带来的直观杂多在内感官中的统一”所依据的乃是其先验属性。①

尽管康德对想象力图示的价值予以深入挖掘，但西方符号学所倚重的更多是基于语言符号提供的思维模式。进入现代以来，如皮尔士等西方符号学者存在根据外在经验世界分析符号的思维倾向，而以索绪尔为代表的另一派观点则主张建立以语言为中心的符号分析体系，但总体上看，西方符号性思维的源头仍存在于语言本身，语言作为一类重要符号范畴开启了现代意义上的人类文明。与象形图示的直观相比，“观念是存在的符号标记，内存于人的心灵；而语言作为观念的符号标记，将其外在化，使我们能与他人进行交流”②。对于哲学意义上的辩证逻辑而言，语言符号无疑是一个无法绕开的论题，西方学者对语言这一理念（逻各斯）的外化给予了更为深刻的思考。

相较来看，康德关于想象力图示的观点对于阐发《周易》八卦、太极图示的价值和发生机制提供了深刻的哲学启示，正是八卦符号的图示效用不断扩展着人类关于知性的想象力，借助于八卦图示的想象力创造用以解释易象的语言文字，在符号图示及其文字诠释中实现了易象与易理的沟通。除此之外，康德思想中关于“同质”“形象”“先验”等的观点对于理解易象思维都具有十分重要的解释意义。然而，八卦符号图示诞生于中华民族远古时期，如何将现代辩证哲学运用到对其图示价值的诠释上去呢？人类学者列维－斯特劳斯在其名著《野

---

① ［德］康德．康德三大批判合集（上）［M］．邓晓芒，译．北京：人民出版社，2017：125.

② 徐瑞．周易符号学概论［M］．上海：上海科学技术文献出版社，2013：33.

性的思维》的最后结论中指出，“那种能够而且愿意既是叙事性的也是几何学性质的思想，在何种程度上还可以称作是辩证法的思想？野性的思维是整合性的。一方面，它让纯粹的系列性逃逸了（而各种分类系统又成功地把它吸收进来）；另一方面，辩证理性又排除了可使这类系统臻于完善的图示化的可能。”① 在斯特劳斯看来，人类远古时期的图示化思维蕴含着辩证理性的最初形态，这一形态表征为分类抽象。“真实的辩证理性原则应对从野性的思维顽固地拒绝任何关于人的（甚至是关于有生命的）东西与自己疏离的态度中去寻找”②。因此，若想探究中华民族易象观所表达的辩证思维，就有必要回到古代中国人的生产劳动语境之中予以考察。

如前所述，八卦符号的图示价值在于反映中国古代人民劳动实践的“过去式”经验，因而它是带有一定“反思”意义的回溯，即概念返回自身，犹如文明回到原始寻找自身、证实自身的一个过程。八卦并未创立具体历史形象，它内置符号的“空”性却给予中国人一个需要发挥想象和联想力的概念提示，尽管康德以唯心的先验理论确定这种想象联想能力的来源和作用，但不可否认，劳动经验的“反思”路径确实被康德语境下的图示想象力打通了，在此基础上，语言的加入又从另一个维度极大地扩展了图示的内涵，使得“这种图示能以一种

---

① ［法］列维－斯特劳斯．野性的思维［M］．李幼蒸，译．北京：商务印书馆，1987：279.

② ［法］列维－斯特劳斯．野性的思维［M］．李幼蒸，译．北京：商务印书馆，1987：279.

同时态整体的形式表现于历史的发展之中”①。在不同历史阶段语言诠释关于相似图示的思想累积之下，图示作为一种思维载体所呈现的思想内涵便形成了，《周易》经传文本及其后世论说所涉及的语言符号学均是这种情况，并且《周易》比起其他经典还多了数术的符号表达，以至于《四库全书总目提要》中对《易》概括为易道广大，无所不包，旁及天文、地理、乐律、兵法、韵学、算术、以逮方外之炉火，皆可援《易》以为说，而好异者又援以入《易》，故《易》说愈繁。

从根本上讲，“广大”“愈繁”的《周易》符号图示演绎所依仗生成的动力，来自劳动实践这一中国人生命自由活动的表现形式。正是植根于华夏大地特有的自然风貌、气候环境，古代中国先民在长期劳动实践中创制了八卦符号及其易象图示，中国人用阴阳符号模拟出的自然万物表征着人类生命体的能动智慧，通过八种不同的卦爻符号的排列组合，完成了对自然的人化分类，将流动的外在生命自然抽象为静态的符号图示，以此为基础构建《周易》易象观，为人类发挥图示想象力“以类万物”提供了基本参照。同时，华夏民族生生不息的文明演进也印证着“八卦生万物”所内在的历史逻辑。古往今来，所有文明的进程都是人类民族繁衍的智慧累积，在抽象化、静态化对象世界的同时，由“同质化”联想作为逻辑起点的八卦符号又指向“通变”的辩证思维，以一种天人合一的体验式思维方式联通主体与经验世界，将看似没有联系的静止自然在八卦太极等图示的类推、想象、

① ［法］列维－斯特劳斯．野性的思维［M］．李幼蒸，译．北京：商务印书馆，1987：290.

诠释、直觉、体悟中动态化、能动化，最终使华夏民族拥有一种以易象为中介的更为全面把握整体、感知世界的辩证逻辑能力。同时，《周易》易象观中“象”的符号类推功能具有超越时空的思维属性，表现为图像、具象、意象、抽象、形象等人类所特有的心理感知与逻辑能力，极大地提升了中国人整体思维、辩证思维的张力。与西方辩证逻辑更加重视语言上的辩证不同，《周易》“象”的图示思维扩展了语言思维的线性维度，通过符号对内容的多维呈现，使之立体化为一种更为全面的整体感知。这些都是八卦表征的易象观对《周易》生命理念的具体注解。

三、同质类推：易象图示推演万物的辩证逻辑

运用《周易》八卦图示的同质分类、类比特征演绎万物，既体现出华夏民族辩证思维中的“通变”色彩，又彰显着自然意识的人化与外化。如列维-斯特劳斯在考察原始人类分类意识起源中指出的，对于原始人来讲，“逻辑系统同时在几个轴上发挥作用”，他以那伐鹤人对他们赋予药用植物及其使用方式的不同效力解释为例，从“该植物机体的一部分与人体的某部位相象；该植物与另一种动物有联系（作为其食物或栖息处）；该植物曾对人身体某处疾病产生过疗效……”①等经验事实出发，论述了原始人类区分判断类别的基本原则，原始分

① ［法］列维-斯特劳斯．野性的思维［M］．李幼蒸，译．北京：商务印书馆，1987：74.

类所依据的邻近性和类似性“与甚至现代分类学并没有什么明确的不同”，所基于的都不是预先的假设而是事后人脑中经验事实的逻辑产物。[①] 在列维-斯特劳斯看来，古代人类“夏威夷人与自然现象中活的东西的合一，即与神灵和其他有灵性的人的合一，用联系这个词来描述是不恰当的，当然用交感、移情、反常或超常、神秘或神奇等词来描述也是不恰当的。它并不是‘超感的’，因为它有一部分与感觉有关，而有一部分又与感觉无关”[②]。中国古代先民所具有的分类和逻辑能力与此类似，但因对易象符号的掌握演绎又生成相异的逻辑习惯。

八卦符号及其类推逻辑可以定位于个体生命的经验活动。近代著名学者冯友兰认为，《说卦传》从八卦乾为天、坤为土、巽为风、离为火、艮为山、震为雷、坎为水、兑为泽的意义表述出发，指出“八卦有此诸种意义，讲《周易》者之宇宙论，系以个人生命之来源为根据，而类推及其他事物之来源”[③]。在个体生命的经验感知上，“宇宙间之最大者为天地，天上之最惹人注目者为日月风雷；地上之最惹人注意力者为山泽；人生之最切用者为水火；古人以此数者为宇宙之根本，于是以八卦配之；而又依人间父母子女之关系，而推定其间之关系焉”[④]。由此，中国人思维中概念类推的发生表现出由简单到复杂、由经验到理性、由自然到人伦的逻辑演绎，在这一点上，华夏民族比

---

① ［法］列维-斯特劳斯．野性的思维［M］．李幼蒸，译．北京：商务印书馆，1987：74.

② ［法］列维-斯特劳斯．野性的思维［M］．李幼蒸，译．北京：商务印书馆，1987：73.

③ 冯友兰．中国哲学史（上）［M］．上海：华东师范大学出版社，2011：217.

④ 冯友兰．中国哲学史（上）［M］．上海：华东师范大学出版社，2011：217.

起同时期其他古代族裔显示出更为成熟的逻辑能力。从普遍性上讲，一方面古代人类尽管比现代人对自然界拥有更为敏感的感应能力和适应性，但终究与现代人一样，都是脱胎于自然界并永远归属自然界的一个有机组成部分，在这个意义上，“它正是自然意识的一部分”①。人对于客观外在的人化模拟与分类同时也体现着某种程度上的自然分类，因此八卦符号的阴阳分类、属性分类、时空分类等也均是此种意义上的自然分类，体现为一种客观意义上自然意识自我分类、自我演化的逻辑思维。另一方面，包括古代人在内的人类是业已从自然界中分化出来并具有主体性的自由生命体，人这种“主体性自由”的历史演进是在不断远离和试图摆脱自然限定的类推中不断增强的，而华夏民族在此类推演进中更多地体现为个体生命与自然关系的和谐融通，体现为以“男女构精，万物化生”之事实，类推而定为“天地絪缊，万物化醇”之原理。② 从特殊性上讲，从易象观中最简单的“一画开天地”到六十四卦的演绎，中国古代先哲对符号类比推演万物的思维场域也在不断扩张，其中发挥巨大作用的是华夏民族辩证思维中的“通变”特性，以乾卦为例，从乾为阳、为金、为圆、为天的自然模拟类比分类，到为君、为父的人伦类比分类，再到为刚健、为万物资始的抽象理念分类，由易象图示为原点向外部客观世界扩展的同质类推，与向内部丰富生命体验的感性类推同时发生，易象观中主客观两

① 黑格尔认为，一般生物的命题就是类，分类存在于时间流动与概念的自我演化。黑格尔逻辑理论的一个基本观点是，思维中的概念系统不是人为产生的，而是自我产生、自我发展，即“自在自为”地运动的一种客观逻辑思维。（参见何新．哲学思考（上册）［M］．北京：时事出版社，2010：41.）

② 冯友兰．中国哲学史（上）［M］．上海：华东师范大学出版社，2011：217.

种逻辑的思辨特性在对万物分类一次次的“反思”和回溯中，不断经历着对概念的扬弃与超越，形成辩证思维中富有中国特色的“通变”“感通”理念。

由此可见，易象图示类推的基础在于分类，而分类的依据构成于华夏先民在长期劳动实践的经验总结与大自然自身客观分类的历史统一，命名即是从语言符号维度完成的对这一分类的描述和规定，这在《周易》中体现为卦名的意指。

四、直觉体验：生命理念指向实践的人性复归

中国古代哲学区别于西方哲学形而上学的一个显著特点，就是注重个体对生命理念的直接体悟与感知。德国古典哲学代表人物康德十分关注感性直观之于经验世界的映射，认为感性是通往知性并最终指向理性的逻辑基础，并以此为依据提出包括“理性二律背反”“实践理性伦理目的”等若干重要的思辨观点，但他的理论出发点所基于的乃是人对于先验范畴的统觉能力，所构建的是一种充满主观唯心主义色彩的抽象思维史观。黑格尔则在历史的时间维度中考察实践理念与生命体验的关系，一方面，黑格尔首次站在思辨的观点将实践置于主客体统一的目的性历史活动中考察，将实践的物质性、历史性引入认识论，僭越康德伦理实践的抽象方面，消弭了西方思维史中一贯的关于实践机械性与目的性的对立观点，但另一方面，在实践的生命体验与伦理道德层面，黑格尔将其提出的“善的实践活动”最终归结为绝对理念自我运动、发展的外在体现，又将人对个体生命的感知经验抛

于虚无，落入客观唯心主义思维的窠臼。

回溯到远古时代，中西方关于生命实践体验的思想源头其实是基本一致的，表现为一种原始图腾的符号图示价值与直觉思维、意象思维等非逻辑思维之间极为密切的“互渗”关系。在著名人类学家列维－布留尔看来，原始人认为任何事物的发生都是在某种神秘自然力量的支配下进行的，他们逻辑思维所存在的场域是看得见的与看不见的经验世界的合一。“原始人的智力活动经常服从于一些与我们相同的规律，但这种集体智力活动也有其特点，是受到互渗律影响的集体表象，这同我们的概念是大不相同的东西。一般抽象术语的简单表现，如人、动物、有机体，实际上包括了大量的要求在许多概念之间有明确关系的独立判断，而原始人集体表象则不存在一个真正智力过程的结果，包括了情感的和运动的因素。”① 任何具象或抽象的图示再现其实都与其原貌存在本性、属性、时空甚至生命上的“互渗”关系，这是一种高于“一切事物均普遍联系”的更为深刻的联系，人与自然“互渗”关系说便是类似于中国语境下“天人合一”说的西式诠释。

同时，布留尔从逻辑分类角度阐释包括生命体验在内的“互渗”关系。“当回乔尔人由于受互渗律的影响而断言玉蜀黍、鹿、希库里和羽毛是同一的东西，这就是在他们的表象之间确定的一种分类”②，在这一分类中，图腾使事物被想象或被感觉于集体表象的复合之中，情感与直觉的力量作为高于一般概念的力量指导着人们的价值判断。

---

① ［法］列维－布留尔．原始思维［M］．丁由，译．北京：商务印书馆，1981：72.
② ［法］列维－布留尔．原始思维［M］．丁由，译．北京：商务印书馆，1981：122.

“在北美印第安人那里，在中国，等等，到处都发现了，自然界中的一切事物——动物、植物、星辰、方位、颜色、一般的客体，都被划分成或者最初被划分成象（像）社会集体的成员那样的等；假如社会集体的成员被分成许多图腾，那么，树、河流、星辰等等也被分成许多等”①。这与现代人的逻辑分类是十分不同的，远古人类实践体验的发生与对图腾崇拜的集体信仰之间存在某种互为因果的“共振”现象，“在同一图腾或者同一集体的成员之间，在所有成员与作为他们的图腾的动物或植物种之间被强烈感觉到的互渗，也在图腾集团与那些在空间中占据同样位置的人们之间被感觉到”。因此，正如布留尔在其代表作《原始思维》序言中强调的，“在人类中间，不存在为铜墙铁壁所隔开的两种思维形式——一种是原逻辑的思维，另一种是逻辑思维。但是，在同一社会中，常常（也可能始终）在同一意识中存在着不同的思维结构”②。人类进入文明社会以来，生成于理性逻辑的思维形式并未阻断人类集体潜意识中与图示—直觉—意象—体验相关的“原逻辑思维”的内在联系，这种联系只是被“将一切客观事物都对象化”的理性冲击给遮蔽了，呈现出来的是一种“日用而不知”的自在状态。

远古时期的华夏民族同样掌握着由图腾崇拜生成的思维逻辑，据传八卦始作者伏羲氏即是符号演绎这一逻辑形态的智者先贤。高怀民教授在《先秦易学史》中对伏羲氏与图腾的关系进行过阐述，一般认

① ［法］列维－布留尔．原始思维［M］．丁由，译．北京：商务印书馆，1981：123.
② ［法］列维－布留尔．原始思维［M］．丁由，译．北京：商务印书馆，1981：3.

为，伏羲氏为风姓，各家虽对于姓风的来历解说不一，但均与图腾相关，一谓凤鸟，一谓螞（一头两身之蛇）。古人以龙、蛇同为麟虫，孔安国、孔颖达著《尚书正义》卷一帝王世纪有云："生伏羲于成纪，蛇身人首"，伏羲氏以其显赫成就"为百王先"，被奉为龙之化身，自其之后龙就被惯称为王者。① 伏羲氏之后又有女娲传说，女娲排在伏羲氏之后为王，"东汉武梁祠壁画中，有伏羲女娲像，两像对立，下体均作麟身相结，于两人臂间悬一小儿，是汉人已相信女娲氏为伏羲氏之后之明证"②。伏羲与女娲两位圣王形象都与龙（蛇）有着紧密联系，并在《周易》乾、坤两卦中得到体现，作为六十四卦的两大开端，乾坤两卦融汇着华夏民族关于天地、自然、生命的哲学思考与感知体验，"大哉乾元，万物资始"（《乾卦·彖传》），"至哉坤元，万物资生"（《坤卦·彖传》），乾坤二卦包含了整个易学体系中最为重要的生命理念，二卦本身也分别象征阴阳、刚柔、强弱等相异的特征属性，但二者在卦爻辞中均出现了龙的表述。乾卦初九"潜龙勿用"、九五"飞龙在天"以及坤卦上六"龙战于野"等爻辞，均直接以龙这一神话图腾为喻，表征出古代圣王或刚健，或英勇，或崇高的精神力量，可以说，龙作为神圣的图腾象征肇始于中华文明的开端，并以一种作用于社会生活的"互渗"形式进入华夏民族的集体信仰范畴，中国历代帝王均以龙形图案饰物印证其王者地位并得到万民敬仰便是其中展现。中国人将对龙的图腾崇拜与对现实圣王的敬仰，乃至对后世

① 高怀民．先秦易学史［M］．桂林：广西师范大学出版社，2007：33.
② 高怀民．先秦易学史［M］．桂林：广西师范大学出版社，2007：33.

君权的敬畏紧密联系在一起，这种在后世看起来可能被泛政治化了的现象，实际上是对中国人集体潜意识中与图示—直觉—意象—体验相关的“原逻辑思维”的确证，同时也是对华夏民族作为龙的传人所代表英勇、崇高、刚健民族品格的自我确证。

从中国古代思维史的发展脉络来看，对客观事物的体认与感知始终贯穿于人们劳动实践的整个方面，与西方思维逐渐将直觉体验建构于主客观二元对立的实践认识所不同的，是中国人从古至今注重体认、意会的思维倾向。中国人习惯的是明理、重情、求意的思维形式，对客观事物的把握不是实践认知而是体验感知，同时承袭自远古时期业已形成的从图示到直觉的体认方式，将主体直接纳入客体之中“近取诸身，远取诸物”，促动着一种强烈的直觉感知与自我体验融于中国人劳动实践的过程，《周易》作为古代哲学思维的源头便是这种融合中国人劳动实践与体认感知的智慧集合。作为由六十四卦组成的运动图示，六十四种卦象以其丰富的易象观启示，赋予华夏民族以更具指向性的直觉思维、更具模拟性的形象思维与更具体验性的思辨思维，集中展现着中国古代先民对于宇宙自然、社会人伦思辨认知与实践体认的经验内容。作为记述生产生活经验的符号工具，八卦构成于阴阳，《系辞传》有云：“一阴一阳之谓道”，阴阳互系和相互转化的辩证观记述于八卦易象之中，倡导“继之者善也，成之者性也”，倘若实践能遵循这一规律，人从认识上便能洞悉万物运行之本质。

而在实践领域，康德认为生命理念的实践性所指向的应然状态是对道德律的遵循。他在《纯粹理性批判》关于纯粹实践理性要素论中指出，“人格的价值，甚至在最高智慧眼中的世界的价值，毕竟都是唯一地取决于这种道德价值的。"① 而人类的本性不应被做机械化使用，那样不仅不会展现生命的理性反而会使之消弭，对于不可知领域的实践应当在对道德律的遵循下进行，动机的合乎德行"是与他的人格的道德价值而不是单纯与他的行动相称的"②。康德关于生命实践的德行观点在黑格尔那里也有相似表述，黑格尔认为，自我意识指向运动的最后终点就是伦理世界，"这个伦理的实体，在普遍的抽象里，只是思维出来的规律，但它同样直接地即是现实的自我意识，或者说，它就是礼俗伦常"③。尽管如此，康德、黑格尔所代表的西方逻辑思维中的实践伦理，始终并没有远离主客观二元对立的逻辑预设（虽然康德、黑格尔分别以"先验统觉"与"绝对精神"从理论上沟通、统一了二者的逻辑关系）。其实，《周易》所展现的直觉思维、体认思维从一开始就不曾拒斥过实践融于人性的伦理指向，现实中，对于易理天道与现实人道的一元化体认也始终不曾远离中国人的生活，此谓"百姓日用而不知也"。而作为人伦德行典范的圣人之所以成为人们生活实践的指引参照，概因"圣人有以见天下之动，而观其会通，以行其典礼"（《系辞传》）。从具体卦象来看，"履霜"，以坤象为霜（《坤·初九》）；"畜臣妾吉"，以艮拟臣象（《遁·九三》）；"载鬼一车"（《睽·上九》），以坎拟车象；"不鼓缶而歌"，以震拟鼓象（《离·九

① ［德］康德．康德三大批判合集（下）［M］．邓晓芒，译．北京：人民出版社，2017：158.

② ［德］康德．康德三大批判合集（下）［M］．邓晓芒，译．北京：人民出版社，2017：158.

③ ［德］黑格尔．精神现象学（上）［M］．贺麟，王玖兴，译．上海：上海人民出版社，2013：296.

三》）等，这些卦象类比模拟诸物、诸身、诸象的符号表示，均表征着融入华夏民族逻辑思维的实践经历与直观体验。① 除易学之外，儒家学说主张“体仁”，孔子以行义作为践行仁德之要，“仁以为己任，不亦重乎？死而后已，不亦远乎？”（《论语·泰伯》）老庄学说讲求“心斋”“坐忘”，以内心之平和逍遥合一于宇宙万物，“乘天地之正，御六气之辨，以游无穷者，彼且恶乎待哉？故曰：至人无己，神人无功，圣人无名”（《逍遥游篇》）。佛家哲学则推崇“觉悟”“顿悟”，佛学发展至禅宗时期，甚至主张最大限度地发挥直觉思维的效用，采用“不立文字”的直接感通方式保持个体与外在的连通。可以说，西方辩证哲学关于直觉思维、意象思维的处理不同于东方的一个显著方面，就在于西方辩证逻辑是从哲学层面给予逻辑思维以更为高阶的价值论证，将生命伦理的建构置于理性思维之上，并注重语言的逻辑化表达，而以《周易》为代表的中国式辩证逻辑则以一种相异形式展现，即更加注重主体在现实中而非逻辑上的直接生命体验，并赋予语言上以形式简练而内涵广大的修辞形式，为直觉体认与理性维度的进一步扩张预留出空间。

---

① 徐瑞. 周易符号学概论［M］. 上海：上海科学技术文献出版社，2013：66.

第二节 理念的生命形式：黑格尔逻格斯精神的外化与客体化

马克思之所以将黑格尔《精神现象学》称为黑格尔真正哲学的“诞生地”，大抵与黑格尔在这部著作中所阐发的诸如“思有同一”“否定的辩证法”“实体主体化”等辩证理念不无关系。从逻辑起点来说，黑格尔所探讨的精神现象乃至最终凌驾于整个历史时空的“绝对精神”，都是围绕意识与自我意识的范畴展开的。著名学者贺麟在关于黑格尔《精神现象学》的译者导言中写道，“黑格尔于规定现象学的性质时，强调意识在其自我发展或提高的过程中，意识使其自身的现象和它的本质相同一，也就是说意识的目的就在于实现本质与其外在现象的同一。”① 黑格尔辩证哲学中逻各斯精神的外化和客体化，就是一个自我意识不断摆脱其外化或异化现象，经过矛盾发展向自身本质寻求统一的过程，即自我意识的“反思”过程。黑格尔辩证理念的伟大之处，就在于其整个哲学体系的建构所基于的是一种宏大的历史观，正是历史的时空维度为逻各斯精神能够外化与客体化提供了空间。在一定的历史时空中，之于人的生命个体与之于类的种族群体，自我意识反思路向的现实指向是关于个体与群体的命运探讨，人描

① ［德］黑格尔．精神现象学（上）［M］．贺麟，王玖兴，译．上海：上海人民出版社，2013：13.

述、分析、体验着特定时空中的生命现象以求认识生命本体，力求把握影响客观事物现象之间的内在联系与规律，以此推定未知的客观世界以及人在其中的生命状态。在中国哲学语境之中，自我意识的反思更趋近于“格物致知”的表述，即“格”现象之物以“致”本质之知，只不过《周易》易象观的图示演绎在语言逻辑之外，又开拓出另一条注重直觉于体认的“致知”之路，这一更具生命色彩的逻辑进路同样富含着自我意识“反思”的思辨内容。

自我意识“反思”的过程同样遵循着历史的时间秩序而呈现出阶段性特征，如同感性世界中生命由胚胎发育成幼体并逐渐成长、壮大、衰老直至死亡一样，意识（精神）的发展史不仅仅是形而上的理念的发展史，更是理念向现实生命投射的“科学”的形成史，如黑格尔所言，“意识在这条道路上所经历的它那一系列的形态，可以说是意识自身向科学发展的一篇详尽的形成史”①。人的生命意识与人类文明是自我意识及其中逻各斯精神不断外化的现实表征，艺术、伦理、信仰以及那些只从属于精神的范畴之所以受到推崇，就是人类生命欲望不断自我确认、自我确证、自我崇拜的展现，人类以自我作为对象，“自我意识就是欲望在自我意识的这种满足里，它经验到它的对象的独立性”②。在黑格尔那里，意识作为一种有生命的自我意识存在，同时又在自身中扬弃着自己，在意识发展的最高阶段，那个“把自己从

---

① ［德］黑格尔．精神现象学（上）［M］．贺麟，王玖兴，译．上海：上海人民出版社，2013：21.

② ［德］黑格尔．精神现象学（上）［M］．贺麟，王玖兴，译．上海：上海人民出版社，2013：179.

其自身的形式中解放出来的最高自由和对自身有了确实可靠知识”① 的精神实体，就是绝对精神的内容。与黑格尔绝对精神相对应的是《周易》中的“道”的概念，易道广大，无所不包，易道中的阴阳辩证观之于逻各斯精神外化与客体化诸范畴之比较，是本节需要探讨的重点内容。

一、关于自我意识与太极观的探讨

意识或者说自我意识是黑格尔辩证哲学中的一个重要的初始概念。在黑格尔看来，“从意识到自我意识，从自我意识到理性，从理性到精神，从精神到绝对精神的发展史，只是普遍精神自己认识自己的自我发展史”②。自我意识的“自我性”即表现为意识（精神）对自身的认识，只不过这种认识的条件必须取材于历史与心理学，并在一个特定时空中由人这一意识主体所承担，在《精神现象学》中，黑格尔将这种自我意识发展生成的精神形态系统，看作精神生命的整体，由此产生包含理性、伦理、道德、教化、艺术、崇拜、宗教在内的整个精神现象。因此，自我意识的发展史与其说是“关于意识的经验的科学形成史”，不如说是历史维度下思辨理念（精神）类似生命演进的生成史。

---

① ［德］黑格尔．精神现象学（上）［M］．贺麟，王玖兴，译．上海：上海人民出版社，2013：278.

② ［德］黑格尔．精神现象学（上）［M］．贺麟，王玖兴，译．上海：上海人民出版社，2013：24.

黑格尔语境下的自我意识是内涵极其丰富的意识的类生命存在，意识的自我运动、自我否定以及历史维度下的自我扬弃，表征其内含逻各斯精神的外化与客体化。

首先，黑格尔并不认为自我意识是从天而降的主观臆测，而是产生于感官世界的客观实在，他认为，“自我意识是从感性的和知觉的世界的存在反思而来的，并且，本质上是从他物的回归”①。在这里，感性和知觉世界实际上就是人所知觉到了的客观世界，自我意识的“自我性”将其自身区别于这个客观世界，作为一个独立的精神实体存在，同时，自我意识又在与其自身的对立统一中以一种“反身”运动完成对其本质的回归，因此可以说，“意识，作为自我意识，在这里就拥有双重的对象”②，是一种既把对象当自我来看待，又把自我当对象来看待的双重化意识。

其次，黑格尔认为，自我意识寻求与自身统一的本质属性是其内在欲望的表达，在他看来，“自我意识就是欲望一般，而那当下欲望的对象即是生命”③。在此语境中，自我意识所担负的是理念（精神）类似于生命的能动性，只不过不同于有机生命体的生老衰亡，理念的能动运动是无限的、具有圆圈式发展指向的对立统一，包含着不断扬弃自身又始终坚持本质的内在规定性。在《精神现象学》中，黑格尔

① ［德］黑格尔．精神现象学（上）［M］．贺麟，王玖兴，译．上海：上海人民出版社，2013：174.

② ［德］黑格尔．精神现象学（上）［M］．贺麟，王玖兴，译．上海：上海人民出版社，2013：175.

③ ［德］黑格尔．精神现象学（上）［M］．贺麟，王玖兴，译．上海：上海人民出版社，2013：175.

以几个肯定的表述对理念的生命做出规定："生命的本质是扬弃一切差别的无限性，是纯粹的自己轴心旋转运动，是作为绝对不安息的无限性之自身的静止，是运动的各个不同环节在其中消融其差别的独立性本身，是时间的单纯本质。"①

其实，理念的类生命特征与有机生命生成发展的理念在黑格尔这里是统一且辩证的，有机生命体自身的生存繁衍外化并展现着其内在理念演绎，生命体繁衍从理念与现实性上"就是把它自身分裂成诸多形态并且同时就是这些持存着的诸差别的解体；而分裂过程的解体也同样是一种分裂或肢解的过程"，新的被分裂个体成为独立的但又保留着类的共相的生命实体，这一生命的惯常过程"固然是扬弃个别形态的过程，也同样是个别形态形成的过程"②。

黑格尔自我意识中的诸多内涵特别是其"反身性"特征与《周易》易象观特别是太极思想有许多可融通之处。在本体论意义上，太极构成万物生化的原初基底，易象观的符号基础乃至整部《周易》的逻辑出发点都立足于太极这个概念，如《系辞传》所云，"易有太极，是生两仪，两仪生四象，四象生八卦"。在易象观中的太极以"—"表示，"—"内涵的辩证理念生成八卦、建构实体、化育生命，作为易道的初始形态外化着自然万物的有机生命及其内在逻各斯的形而上学。太极之"太"意为"至大"，太极之"极"意为"穷尽"，太极

① [德] 黑格尔. 精神现象学（上）[M]. 贺麟，王玖兴，译. 上海：上海人民出版社，2013：176.
② [德] 黑格尔. 精神现象学（上）[M]. 贺麟，王玖兴，译. 上海：上海人民出版社，2013：178.

之运动不仅包含着理念生命层面的自我分裂、自我扬弃、自我更新，也表征现实生命体已摆脱母体而又在母体基因中持存的独立性，可以说，在生命这个维度中，太极观与自我意识在一定程度上呈现出某种同质异构关系。说到同质性，太极的“一”作为至大至纯的万物之源是唯一的、至高的、至纯的、原初的，自我意识同样具有某些类似的规定性，它双重化的自我运动本能“通过排斥一切对方于自身之外而自己与自己相等同；它的本质和绝对的对象对它说来是自我；并且它是一个个别的存在”①。贯穿于所有生命体中的自我意识正是遵循其“能动”的自我线索永不停歇地运动，一方面，自我意识是发展成最终决定着万物运转的“绝对精神”的最初始状态，是一个无限“圆圈式”的、不断扬弃并回到自身、存在于生命之中的独立精神实体，另一方面，自我意识又是封闭的、在自我的范畴中对立统一的矛盾的抽象理念。这与太极中阴阳二力之间交感通变、互系共生、矛盾统一具有相似之处。

《周易》所彰显的太极理念存在于万物并生发新的万物，太极所代表的易道左右着万物运转，太极符号“☯”以内含“阴阳鱼”圆圈式的不断旋转展现着“生生之谓易”的广大无限，在太极之中，阴阳既是同一个范畴又相对独立，二者不停向对方运动同时也向其“自身”返回，太极的自我分类、自我分化并不意味着具体结构形态上的拆分，而是以新生命诞生为表现的太极理念之于感性世界的现实延

① ［德］黑格尔．精神现象学（上）［M］．贺麟，王玖兴，译．上海：上海人民出版社，2013：183.

续。说到异构性，在易象观的图示逻辑层面，太极的“—”和“☯”的符号设定都是其内涵理念的直接体现，如前文所述，中华文化与中国人思维均深受这一图示语言的影响，阴阳这分属两种对立范畴的类的图示，在运动中达到了统一并成为一体，始终是以一个相反相成的“同类”形式呈现，阴阳两种类型在意指的过程中展现出一种类似“游动”的能动姿态，彼此配合互动形成一个符号整体，表现为一种“一元”状态下的本体论观念，包括人本身在内的宇宙万物均为相互联系的统一体，自然生命既统一于太极之外在整体，其中个体内在诸要素又统一于其自身之太极，“我”之主体能动体悟统摄融通一切主客体之间的差异。而在黑格尔那里，表达自我意识及其发展的形态所依据的是语言逻辑，语言图示与符号图示的差异最终将中西方关于逻各斯精神的诠释引入相异的逻辑语境。

二、关于语言图示与卦爻象的探讨

语言是承载逻各斯精神的直观表达，黑格尔所言之理性的思辨通过语言图示得以呈现，而生成于易象观符号系统的《周易》文本，则以混沌式、隐喻式和象征式的语言风格为特征，并非一种基于语言图示（一以贯之的概念与逻辑化表达）本身而形成的具象表达，这种注重直觉体认与意象化描述的逻各斯或者逻辑当然也就不可能拥有明确而清晰的定义。

冯友兰在比较中西两种哲学话语体系时，已经关注到两种文化和思维基于语言图示所产生的差异。在书写工具上，冯友兰认为古代物质资料的条件制约是导致中国语言图示偏“简”的客观因素，“按中国古代用以写书之竹简，极为夯重。因竹简之夯重，故著书立言务求简短，往往将其结论写出。及此办法，成为风尚，后之作者，虽已不受此物质的限制，而亦因仍不改，此亦可备一说”①。同时，从思维生成的视角来看，符号系统的图示意义也不应忽视。以生成于《周易》符号系统的易象观为例，《周易》文本中的卦爻辞均发端于八卦符号图示，其内在太极、阴阳观及由此产生的象征、隐喻、类比意指均关涉现代意义上的语言符号学，“故《易》六画而成卦；分阴分阳，迭用柔刚，故《易》六位而成章”（《说卦传》）。可见，易象内涵的符号图示顺应和反映的是宇宙万物运动发展的规律性特征，卦爻辞这类语言系统在思维的第一个维度上构成对宇宙本体这一逻各斯的绘制描写，是中国式逻各斯的感性直观。

而在思维的第二个维度上，八卦创制又来源于华夏先哲对宇宙自然与人伦社会的观察思考，《说卦传》云，圣人作易“观变于阴阳而立卦，发挥于刚柔而生爻，和顺于道德而理于义，穷理尽性以至于命”（《说卦传》）。八卦符号系统创制之初就融入中国人之于自然之性、伦常之理、人生之命的伦理经验，天、地、人“三才”在六爻中呈现一体化构造与并立，使得本体论与认识论在《周易》符号系统的图示作用下完成统一，由此，易象符号系统的图示价值作为勾连语言与直觉、逻辑与伦理的共同载体，在中国人思维模式的两个维度中均始终发挥着作用，中国式逻辑思维的形式与其说是效法、模拟宇宙自

① 冯友兰．中国哲学史（上）[M]．上海：华东师范大学出版社，2011：6.

然的逻各斯，不如说是从一开始就融汇了属于中国人自己独特思维模式的伦理尺度，“是以立天之道曰阴与阳，立地之道曰柔与刚，立仁之道曰仁与义”（《说卦传》）。而之所以能同时容纳如此丰富的逻辑范畴，与易象符号图示本身所具有的符号“空”性不无关系，正是八卦、太极、阴阳符号形式之“空”，为中国人模拟生发新的逻辑对象和内容提供了空间。

进一步看，中国哲学所探讨之物主要围绕内圣外王之道展开，从某种意义上讲，内圣外王之学与其说是关注逻辑思维的抽象辩证之学，不如说是聚焦政治伦理的主体实践之学，“如人是圣人，即毫无知识亦是圣人；如人是恶人，即有无限之知识，亦是恶人。中国人重‘是什么’而不重‘有什么’，故不重知识。”① 西方抽象逻辑思维的建立需要仰仗概念定义的实在性和明晰性，本质上是基于个人与宇宙二元分离基础上的概念演绎与实证推理，自亚里士多德、培根、笛卡尔、康德以降，再到近代的维特根斯坦、弗洛伊德、边沁、杜威等学者，西方哲学家对追求公理化、科学化的逻辑演绎传统始终不曾远离，即便在主张“泛神论”的斯宾诺莎那里，他的“神即自然”的伦理学观点也需通过数学几何模型的形式进行演绎论证。西方整个语言体系所根植的就是此种严密的逻辑思维，在某些学者那里甚至出现过语言同逻辑内容相剥离的纯粹语义学倾向，这也为近代科学体系在西方的率先诞生奠定了思维基础。尽管黑格尔试图以绝对精神的历史统摄力解决西方主流哲学思维中主客体二元对立问题，但在作为其逻辑起点的自我意识学说中，“自我意识

① 冯友兰．中国哲学史（上）［M］．上海：华东师范大学出版社，2011：7.

有另一个自我意识和它对立”，“自我意识只有在一个别的自我意识里才获得它的满足”①。黑格尔最终所构建的理性辩证哲学体系的本体论基础仍在于“我”与“非我”之二元并立，其辩证思维的基底和论证模式仍是基于明晰概念与严密逻辑之上语言的理性推演，从这个意义上讲，中国哲学在建构于符号图示“空性”之上的实践体悟逻辑模式从根本上就不同于西方语言概念演绎的逻辑模式。除此之外，冯友兰认为，“物我不分”所表征的认识体悟方式对中国语言发展特点也产生深刻影响，在中国人的思维习惯中，个人与宇宙自然是不分的，“有物混成，先天地生”（《道德经》），在本体论意义上，“我”与“非我”同一于“我”本身的主体认识体悟之中，宇宙万物因“我”而备，而西方人之“我”存在着一种“我”之自觉，“我”的世界是由“我”与“非我”两种不同的概念组成的，分属主客观两个世界。由此，主体对客体的认识呈现出一种不断将客体对象化的认识过程，即通过语言及在此基础上形成的知识演绎，不断将“非我”的客观对象逻辑化、清晰化的过程，在此过程中，语言与借助语言所进行的辩论、思辨（“思辨”一词在西方语义学上本身就具有辩论之意）就成为必要环节，“哲学必须是以语言文字表出之道理，‘道’虽或在语言文字之外，而哲学必在语言文字之中”②。

诚然，以《周易》文本为代表的中国古代语言系统也自有其独特的功能效用。以《周易》文本为例，“十翼”与卦爻辞内容中大量的

① ［德］黑格尔．精神现象学（上）［M］．贺麟，王玖兴，译．上海：上海人民出版社，2013：180－181.

② 冯友兰．中国哲学史（上）［M］．上海：华东师范大学出版社，2011：7.

类比、隐喻乃至诗喻确实以一种“取法自然”的方式最大限度地发挥了语言图示（包括象形文字符号本身）内在的想象联想价值，是有“贲如，皤如，白马翰如，匪寇婚媾”（《贲·六四》），“不耕获，不菑畲，则利有攸往”（《无妄·六二》），等等。按邓晓芒教授所言，“这诚然避免了如亚里士多德那样语言抽象化、形式化和僵化的毛病，保持了语言本身与人生体验的丰富关系，但同时也使语言一直停留在朴素的无定型阶段”①。由中国历代易学研究者关于《周易》的注说阐释，我们似乎可以看到这种语言尺度变化的“无定型”。汉代王弼以“扫象”之法重老庄玄学解《易》，提出“得意忘象”观点，立足义理诠释卦爻辞之“意”，义理虽以语言为表达载体，但其中之“意”乃最重要之处，语言只是“意”的承载和附属形式，语言须服务服从于“意”。北宋程颐以“理”诠《易》，“理”在中国哲学中具有类似西方逻各斯意义上的尺度、秩序、规定等内涵，“是自然界和社会的最高原则，是天下万物都要遵循而不可违反的永恒存在”②。程颐认为，在“象”“言”与“理”的关系中，“理”是居于中心的内容和有待诠释的目标，“理”之无形存乎于天地，存乎人心，而非存乎“言”，“理无形也，故假象以显义”③。南宋朱熹以筮解《易》，还原《周易》文本的占筮功能，其实质仍是以“象占”释“理”，他认为，“《易》有象辞，有占辞，有象占相浑之辞”④。“辞”之语言功能是附

① 邓晓芒．思辨的张力［M］．北京：商务印书馆，2008：92.

② 杨效雷．诠释学视野下的易学［M］．广州：华南理工大学出版社，2017：75.

③ 梁韦弦．程氏易传导读［M］．济南：齐鲁书社，2003：51.

④ 朱杰人．朱子语类（卷六十七）［M］．上海：上海古籍出版社，2002：1669.

着于“象”和“占”的，依据占卜语境下的语言诠释才是明“道”至“理”的正确路径。另外，朱熹主张的“理”是与“气”统一的理气合一论，“理未尝离乎气，然理，形而上者；气，形而下者”①。“理”与“气”的结合则将理之概念更加抽象化，“精极于无形，粗极于有象，如包罩在此，随取随得”②。其“随时而变”的“理”的内涵必须借助于“气”之消长与主体实践体悟方可获得，而非语言逻辑所能把握。反观西方语言逻辑的谱系，“自赫拉克利特之前，全部哲学努力都是要对变化的东西加以规定，把它固定和把握在语言、概念之中”③。概因语言本质上既是主观意谓的表达，又是展示出来的客观实在，是“对象化了的人的东西和人化了的对象的东西”④。逻辑化了的语言形式始终是推动西方人思维演进与哲学发展的主要动力，语言本身的辩证内涵正是理解黑格尔辩证逻辑的开端。

总之，如邓晓芒教授所言，西方理性是通过语言、逻辑（逻各斯）为媒介而寻求真理，所谓“自否定”的逻辑历程并非来自类比或隐喻的语言修辞，必须通过有规定性的概念在自身中的反思才能实现，也就是说“语言的‘纯化’（或逻辑化、概念化）首先只有通过意谓的颠倒才能实现”⑤。而中国语境下的“理”，则须通过某种向内形式的直观体验即天人合一式的感通之理而感受出来，语言作为达到理性境界的媒介并非不可或缺。

---

① 朱杰人．朱子语类（卷一）［M］．上海：上海古籍出版社，2002：115.
② 朱杰人．朱子语类（卷七十五）［M］．上海：上海古籍出版社，2002：1924.
③ 邓晓芒．思辨的张力［M］．北京：商务印书馆，2008：21.
④ 邓晓芒．思辨的张力［M］．北京：商务印书馆，2008：25.
⑤ 邓晓芒．思辨的张力［M］．北京：商务印书馆，2008：101.

三、关于图腾崇拜与占筮类推的探讨

尽管中西方思维差异的一个重要方面是透过语言图示逻辑的不同形式得以呈现，但在一定意义上，语言并不能就此等同于理性甚至包含人类社会逻各斯的全部。并且，与逻辑的概念的语言相并立的还应当囊括情感的语言，以此作为观念抽象的具体生动的补充。当黑格尔所谓“自我意识”发展至生命形态的更高环节时，符号图示连同其内在的情境体悟就显得尤为重要，因为人无法生活在一个单纯只有逻辑理性维持的世界里，语言、符号、神话、艺术构成整个有机界不可分割的部分，自我意识及其现实的生命活动被包裹在“语言的形式、艺术的想象、神话的符号以及宗教的仪式之中”①，如著名学者卡西尔在其经典著作《人论》中讲到的，“理性能力确实是一切人类活动的固有特征”，但我们不能因此就视诸如神话、图腾等事物为“一大堆原始的迷信和粗陋的妄想，它绝不只是乱七八糟的东西，因为它具有一个系统的或概念的形式”②。而在黑格尔思辨哲学的话语体系中，图腾及其崇拜的产生更多地体现为自我意识这一精神实体的现实外化运动。

首先，图腾具有勾连意识与自然直观的符号意义。在《精神现象学》中，黑格尔虽没有直接论及图腾与图腾崇拜，但他创造性地从面

① ［德］恩斯特·卡西尔．人论［M］．甘阳，译．上海：上海译文出版社，2013：43.

② ［德］恩斯特·卡西尔．人论［M］．甘阳，译．上海：上海译文出版社，2013：44.

相学和头盖骨相学视角出发讨论意识和精神问题，为从辩证法视角认识图腾的符号价值提供了参考。在他看来，对自我意识的纯粹自身及其外在现实关系的考察离不开对逻辑规律和心理学规律的认识，自我意识的“自我自为”即是个体行动的意识，而个体性活动必然将渗入研究人内心活动的心理学范畴，马克思将这一研究路向的转换看作黑格尔决心将抽象思维转向直观的表现，“因为黑格尔设定人 = 自我意识，所以人的异化了的对象、人的异化了的本质现实性，无非就是意识”①。而这种抽象与直观的转换正是黑格尔关于意识抽象的再次否定与现实确证，所谓“自然界的目的就在于对抽象的确证”②。其实，在关于现实中人的图腾符号表示方面，我们已经可以从既往学者的论说中看到某种十分紧密的关联。在列维 - 布留尔看来，原始智力特有的最一般规律可被称为“互渗律”，即“具有这种趋向的思维并不怎么产生矛盾，但它也不尽力去避免矛盾，它往往是以完全不关心的态度来对待矛盾的”③。这表明，在原始人思维中主客体之间并不存在绝对的矛盾和差异，人与自然界是作为一个有机整体存在的，人体结构同动物、植物等有机体甚至岩石、沙粒等无机物都共处于一个神秘的“互渗”之网中，人的感情和情绪等心理活动也同此一致，人与自然密切的普遍关联促使原始人类要以具体的直接方式来将其表达。一方面是人对自然世界的模拟，在易学的文本意谓中，诸如“五色”“五

---

① 马克思恩格斯文集（第 1 卷）［M］. 北京：人民出版社，2009：21.

② 马克思恩格斯文集（第 1 卷）［M］. 北京：人民出版社，2009：222.

③ ［德］恩斯特·卡西尔. 人论［M］. 甘阳，译. 上海：上海译文出版社，2013：135.

味”“四时”等同“五脏”之关联，“五行”生克与人类社会的行为选择之关联种种，均可以视为“互渗律”在华夏先民原始思维中的具体体现。另一方面是自然世界对人类社会活动的“映像投影”，在法国社会学学派著名学者涂尔干看来，“靠着这种投影，自然成了社会化世界的映像：自然反映了社会的全部基本特征，反映了社会的组织和结构、区域的划分和再划分”①。

作为一种现实的直观“映像投影”，图腾、图腾崇拜以及与之相关的神话传说就很好地满足了这种原始“互渗”思维与情感的直观表达，这也就难怪我们经常能够在各种样式的图腾中，看到人体某种器官、结构与动物、植物乃至无机物之间的同构拼接，也常常能够从各种神话传说中听到人与自然事物的感应交互，而图腾、神话的崇拜往往又伴随着巫术或类宗教仪式的活动进行，进而直接将图腾的符号图示意义勾连并投射于意识的现实运动。黑格尔从思辨哲学的视角敏锐地注意到这一点，在他看来，面相和头盖骨这类特定人体的自然部分，既表征自然界对生命构造的现实环节，也能够视为由意识自己所产生出来的关于它自身的那种符号表示，而符号所表达的也就不单单只是一种直接事实，它“纯然是个体借以显示其原始本性的东西”②。那些关涉人的面相、器官等特征部分以及由此衍生的图腾符号所表现的，乃是对人的躯体或器官的第一个原始的自然直观，它要抽离的，“既

① ［德］恩斯特·卡西尔．人论［M］．甘阳，译．上海：上海译文出版社，2013：134.

② ［德］黑格尔．精神现象学（上）［M］．贺麟，王玖兴，译．上海：上海人民出版社，2013：267.

包含着特定的原始固定部分又包含着只通过行动才能形成的特征的整个外在，是客观存在着的，而这个存在则是个体的内在的一种表示，即所谓意识和运动的一种表示”[①]。在著者看来，这个所谓意识和运动的一种表示不是别的，它就是由现实的人所承担的关于他们所信仰符号的崇拜，或者讲是对表征为人体自然特征的人自身强大能力的崇拜，图腾信仰与其演化的相面学、骨相学及相应的巫术活动即是如此。但同时，黑格尔也认为诸如面相、器官及其演化的图腾符号图示又可能只是一种外在的、偶然的关联表示，之所以这样，还在于图腾符号图示与构成它的现实本身可能并不存在某种直接的因果关系，某种偶然关联的发生仅仅是出于个体在心理学意义上的主观想象或感性差异，“真正的内在性就是意图方面的独特性和自为存在的个别性”[②]。这一点倒是与易学思想中“神道设教”的观点有些相似。

其次，图腾符号的现实运动表现为对类的划分。黑格尔深入分析了头盖骨作为精神的外在现实的种种依据，并指出“人的现实和特定存在就是人的头盖骨”[③]。但他并不认同相面学中对人相貌的分类划分诚然与一个作为现实行动的某物必然存在因果联系的推定，“同样不能确定的还有：究竟大脑的形成发展会使器官扩大呢，还是使之缩小，究竟它

① ［德］黑格尔．精神现象学（上）［M］．贺麟，王玖兴，译．上海：上海人民出版社，2013：267.
② ［德］黑格尔．精神现象学（上）［M］．贺麟，王玖兴，译．上海：上海人民出版社，2013：273.
③ ［德］黑格尔．精神现象学（上）［M］．贺麟，王玖兴，译．上海：上海人民出版社，2013：283.

把器官弄得更沉重呢，还是更轻巧"①。著者认为，与其说相面学及相关巫术行为是一种基于类似图腾崇拜的意识的现实运动，不如说这种现实运动的现实性就在于其对类的划分、比较与逻辑推定。在这个领域，不论是《周易》见于巫筮活动中的占卜预测抑或其文本中反映哲理的类比象征，均涉及一个包括社会、自然以及人本身在内的类的划分，而此种划分又多借图腾化的符号形式及其崇拜活动得以体现。

事实上，原始图腾分类逻辑中同时包含着辩证逻辑的因子。在原始人类的社会实践中，图腾分类逻辑的使用是普遍和系统的，列维-斯特劳斯观察研究了土著人的分类方式，他发现"多贡人把植物分成二十二个主科，其中一些又继续分成十一个子类，这些科、类又被划分为由奇数偶数组成的更小的科，在象征单个生殖的前一类中，称为阴与阳的植物分别同雨季和旱季相联系……在象征成对生殖的后一类中，同一关系颠倒了过来。每一个科对应着身体的一个部分、一种技能，一种社会阶级和一种制度"②，而南婆罗洲的伊班人通过解释几种鸟类的鸟鸣和飞行情况来占卜吉凶，他们选择的鸟类也是那种习性便于拟人化象征表示的鸟类，同一种鸟类也可以选择不同的特征。③

斯特劳斯的研究表明，原始人类是善于借助一种庞大的图腾对应系统将包括自身的自然万物加以抽象和分类的，这种逻辑形成的基础在于

① [德] 黑格尔. 精神现象学（上）[M]. 贺麟，王玖兴，译. 上海：上海人民出版社，2013：283.
② [法] 列维-斯特劳斯. 野性的思维 [M]. 李幼蒸，译. 北京：商务印书馆，1987：47.
③ [法] 列维-斯特劳斯. 野性的思维 [M]. 李幼蒸，译. 北京：商务印书馆，1987：65.

他们长期生产劳动现实经验的积累，与现代分类学意义上诸如相似性、邻近性的基本观点并无冲突。但原始人类之所以具有不同于现代人类的此种原始思维，恰恰证明其本身仍旧是组成自然界的有机部分，即作为同一个整体存在的人与自然界，所以，原始图腾分类与其说是人类主观意义上的对象化分类，不如说是自然本身普遍存在的生命逻辑分类，是自然分类自身带有的某种历史性与客观性推动着的生命演进所做出的自我分类。并且，在生物学意义上，生物分类的概念系统也是以生命繁殖为判断标准的，而随着人自身生命意识的进化发展，以图腾崇拜为表征的精神活动也同时进行着自身的分类，这可能是由于在更大程度上，原始图腾分类逻辑不仅与思考有关，也与被体验、被感知的分类有关，“每当社会集团被命名之后，由这些名称构成的概念系统似乎就会受到人口变化的任意性之累，后来有它自己的规律。”①

以早期筮术易的演变为例，《连山》《归藏》与之后兴起的《周易》之别，很大一点在于对各个卦的图示分类之别，“《周易》以乾、坤为序，《归藏易》以坤、乾为序，《连山易》以艮卦为首卦，《周易》的排列分类从多个方面都胜于其余两种概念系统。不论从符号图示意义上阳阴符号‘—’的始动与‘— —’的后继，还是自然现象中天在上地在下的实际，亦（抑）或社会集团发展进入父系社会的现实思潮来看，《周易》都更加符合社会历史规律的发展需要，反过来，生成于此种新符号系统的图腾信仰与占筮活动，也就生发出新的概念

① ［法］列维－斯特劳斯．野性的思维［M］．李幼蒸，译．北京：商务印书馆，1987：78.

与规则”①。这样，卦画的符号图示意义经充满神秘色彩的占筮活动被赋予了图腾崇拜意义，并在历史演进的过程中通过新的分类排列否定并发展着自身原有的概念系统和图示内涵，在这个意义上它自身的辩证逻辑被体现出来。

最后，自我意识基于图腾分类表达潜在与现实。当代中国在表现为祭神祈福的民间风俗中仍保留着图腾分类的符号逻辑。以河北省内丘县神码民间版画为例，不同图腾形制的历史变化记述了“崇神”的神码与人们日常生活生产之间的特殊关系，“万物有灵”与“物我互渗”的思维方式通过不同形象“神”的图腾逻辑分类展现，神码所指示的既是现实的人的生活状态，也指示着非现实的潜在的原始观念。“内丘神码主要可以分为自然神、生活神和儒释道神三大类”②。其中，自然神包括天地、山神、龙王、井神、火神等图腾样式，生活神包括居家、吉祥、兴业、鲁班、药王、喜神、辟邪消灾等几类，儒释道神包括佛、道人物形象的改造使用，如南海大士、老君、地藏等。在研究内丘神码的学者王伟毅看来，“内丘人的神是心与物的结合，神非造物主，万物亦非被造，神与物皆为永恒，神亦是规律和存在”③。这就将人对自然的单向度崇拜与人对自身的崇拜，以神码这种图腾形态连接在一起，神即因果，人即是神，在这个意义上，“内丘人的崇神绝非被神异化”，神码中各种关于人的生活、人的愿望、人的观念以及人自身形象的分类表征着以内丘人为代表的中国人对自然的顺应，

① 高怀民．先秦易学史［M］．桂林：广西师范大学出版社，2007：131.
② 王伟毅，姜彦文．内丘神码艺术展［M］．天津：天津人民艺术出版社，2015：2.
③ 王伟毅，姜彦文．内丘神码艺术展［M］．天津：天津人民艺术出版社，2015：2.

以及对自身力量的自信。[①] 图腾崇拜在内丘人那里体现为神码供奉和祭祀习俗，“内丘神码张贴的时间和地点是有严格要求的，在特点的时间内，用独有的民间信仰仪式，将一路路神仙和祖先敬请到宅内特定的神位上去，然后用独特的方式供奉他们，有些神仙还要再用特殊的仪式将其‘送’走”[②]。不仅如此，神码在张贴方式上也很有讲究，不同的神要被“请”到不同的地点，张贴在不同的方向，任何违反祭祀程序和供奉礼仪的张贴在内丘人看来不仅不会带来吉祥，反而会导致接下来一年的不吉利。

法国人类学者列维－布留尔注意到了包括中国在内的原始逻辑中那些不同于现代逻辑分类的性质，他将图腾视为北美印第安人和中国人划分自然界中动植物、方位颜色等事物与划分人类社会成员的一个显著标志，因为人们关于图腾的信仰会使得各种生命体之间发生某种潜在的感觉“互渗”，“图腾集团在那些在空间中占据同样位置的人们之间被感觉到”[③]。在这个意义上，原始逻辑又超脱了某种概念或范畴尺度的分类，“这里没有任何与我们的逻辑分类想象的东西（除了表面的想象）。我们的逻辑分类要求一系列有确定内涵和外延的概念，这些分类构成了一个阶梯，阶梯的各级都是经过逻辑思维检验了的”[④]。由感性连接的原始逻辑分类指向直觉，本身很难被除经验直观之外的概念所定义，因此它也就自然地需要在图腾的信仰崇拜中找到

① 王伟毅，姜彦文．内丘神码艺术展［M］．天津：天津人民艺术出版社，2015：2.
② 王伟毅，姜彦文．内丘神码艺术展［M］．天津：天津人民艺术出版社，2015：14.
③ ［法］列维－布留尔．原始思维［M］．丁由，译．北京：商务印书馆，1981：123.
④ ［法］列维－布留尔．原始思维［M］．丁由，译．北京：商务印书馆，1981：124.

自身。对现代逻辑思维来说，人的思维能力的不断进化并不能否定原始逻辑思维的存在，反而需要长期保存在它之中并与之共存，现代心理学中关于意识、前意识和潜意识的研究划分已经证明了这一点，“那些表现着被强烈感觉和体验的互渗、永远阻碍着揭露逻辑矛盾和实际的不可能性的集体表象，将永远保存下来。生动的内部的互渗感足可以抵消甚至超过智力要求的力量”[①]。

实际上，内丘神码所展现的图腾特征就是原始逻辑思维最好的体现，意识中的潜在性与现实性透过想象力的图示达成统一，“它们以最多种多样的方法——神秘属性的传达、接触、转移的方法来实现与本质与生命的互渗”[②]，只是这一切都存在于体验与直觉主宰的原始逻辑思维当中，而《周易》占卜的过程本质上就是原始逻辑思维的体现。从中国发掘出土的甲骨文中可以发现，关于占卜活动的记述占据相当部分，对这些占卜记录反复整理编纂，最终形成了现代的《周易》文本，即便在当代，这类占卜预测活动在民间也未曾消失。《系辞传》第九章的一段内容记录了占卦过程，“大衍之数五十，其用四十有九。分而为二以象两，挂一以象三，揲之以四以象四时，归奇于扐以象闰；五岁再闰，故再扐而后挂”。古人占卦需要一套完整的仪式，带着对鬼神的崇敬完成占卦过程，诸如“一挂”“二扐”“揲之以四”“以象四时”“以象闰”等操作都表征着一定的图腾分类逻辑与类比象征意义，参与占卦的人需要借助占卦过程的仪式感与神圣感与自

① ［法］列维－布留尔．原始思维［M］．丁由，译．北京：商务印书馆，1981：449.
② ［法］列维－布留尔．原始思维［M］．丁由，译．北京：商务印书馆，1981：443.

己的内心发生“情感共振”，通过触发所谓原始逻辑思维中的那部分“潜在的意识”，以达到与鬼神沟通、感通神灵之用。

作为《周易》文本的编写者，孔子及其门生并未拒斥占卦过程“事鬼神”的神道特征，而是将对鬼神的崇拜引向对现实的“礼”与“仁”的信奉遵守，“生事之以礼，死葬之以礼，祭之以礼”。(《论语·为政》) 在孔子及其弟子所作的《象传》《彖传》等十翼中，卦爻辞虽表述了占筮结果吉凶悔吝的示明，但其缘由的阐述则来自易理，社会现实中民智未开与神道设教的需要，是促使孔子赞占筮之神用而又要对其进行思想改造的重要因素，经过儒家思想改造过后的易学及其图腾分类逻辑下的占筮活动，虽充分保留了其中原始逻辑思维的部分，但已具备了与社会发展现实俱进的哲学张力，使之能够在漫长的历史演进当中始终得以存续。这可能也是自古以来，中国人对《周易》中蕴含的原始逻辑思维的认识、使用不仅不会感到陌生，时至今日反而越来越加推崇的原因所在。

四、关于绝对精神与大易之道的探讨

在黑格尔那里，辩证的思维传统与其理论的宏大历史感是相得益彰的，他所最终创立的绝对精神即是用于解释和规定其历史演进思辨逻辑体系的最高形态。在其名著《小逻辑》中，黑格尔将关于“生命”“认识”与“绝对理念”（绝对精神）的论述合在一个章节即第三章《概念论》中安排，并置“绝对理念”于全书最末，这种体例安排恰恰体现出黑格尔将绝对精神理论视为其思辨哲学体系的完结，并以理念的生命形态作为其载体和脚注的写作思路。“绝对理念首先是理论的和实践的理念的统一，因此同时也是生命的理念与认识的理念的统一”①。在绝对精神形成发展上，理念自身的逻辑运动轨迹表征为某种自在的生命状态。“直接的普遍性，作为自在的概念就是辩证法”，辩证法的作用在于它将整体中每一个业已生成的概念作为一个新的环节，对前者加以判断、规定或否定，“这样，它便有了相关者，对相异的方面有了联系，因而进入反思的阶段。”② 最终，在同相异方面相互扬弃的无限进展里，矛盾在自身的范畴中达成统一，绝对精神作为自为的、统一的、唯一的概念全体在此过程中形成了。并且在黑格尔那里，绝对精神将“自然”视为自身直观着的理念，这一具有人格特质的自由的理念“不仅仅过渡为生命，让生命映现在自身内，而是在它自身的绝对真理性，作为它的反映，自由的外化为自然”③。

马克思、恩格斯十分敏锐地关注到黑格尔关于意识理念的外化、客体化思想，并更进一步阐释其内在的生命化、人化的更深层次内涵。马克思、恩格斯在《神圣家族》中，批判地阐述了理解黑格尔绝对精神这个“思辨结构”秘密的路径，他们认为黑格尔式思辨的基本特征“就是把实体了解为主体，了解为内在的过程，了解为绝对的人格”④。实际上绝对精神是一种自我意识发展至最高阶段的外化物性形态，自我意识与实体在绝对精神那里达成了统一，主体、实体、存在、逻辑

---

① ［德］黑格尔．小逻辑［M］．贺麟，译．北京：商务印书馆，1980：424.
② ［德］黑格尔．小逻辑［M］．贺麟，译．北京：商务印书馆，1980：427.
③ ［德］黑格尔．小逻辑［M］．贺麟，译．北京：商务印书馆，1980：430.
④ 马克思恩格斯文集（第1卷）［M］．北京：人民出版社，2009：280.

等抽象概念因意识的外化客体化而拥有了物性的现实属性，因而具有了历史感，但引起这种历史感的不是直接的自然存在物，而是自然存在物内在的精神、意识等诸理念依照生命般运动而演绎的结果。在绝对精神形成的进程中，意识的外化是一个关键环节，在马克思看来，“意识的这种外化不仅有否定的意义，而且也有肯定的意义”①。否定意义在于描述包括人在内的现实生命体是在时间这一历史维度下不断创生（生殖繁衍）的辩证历程，新生命的诞生既保留着自母体分离之后原初的基因特征，又同时以一种新的独立个体形式否定和延续着旧有的生命形态；肯定的意义在于“意识在这种外化中知道自身是对象，或者说，由于自为存在的不可分割的统一性而知道对象是它自身”②。

意识的这种“反身性”特征表明，意识清楚地知道是自己在创造着自己，确证着自己，在外化着自己并展现物性，最终发展成为马克思所定义的意识是被意识到了的存在。在人类演进历史视域中，从早期的图腾崇拜到当代的宗教信仰，均能找到外化的人的自我意识的影子，它反映着人类对自身意识能力与生命崇高性现实的自我崇拜和自我确证。而当意识发展到绝对精神阶段，意识外化的否定同肯定的意义将趋向统一，生命将承载这一切，对人而言，“自我产生、自我对象化的运动，作为自我外化和自我异化的运动，是绝对的因而也是最后的、以自身为目的的、安于自身、达到自己本质的人的生命表现。因此，这个运动在其抽象形式上，作为辩证法，被看成人的真正的生命”③。

① 马克思恩格斯文集（第1卷）［M］．北京：人民出版社，2009：211.
② 马克思恩格斯文集（第1卷）［M］．北京：人民出版社，2009：212.
③ 马克思恩格斯文集（第1卷）［M］．北京：人民出版社，2009：217.

以《周易》为代表的中国人传统思维中，维系宇宙万物运行的“绝对精神”被称为“道”。道与绝对精神作为不同思维文化体系中的两大重要范畴，在概念上虽并不具备可比性，但都反映着中西方文化关于世界的总体认识，即万物运行的尺度。有学者认为，“道”可涵盖的意义至少包括三种：“一是言说，正所谓《道德经》首句对道德的描述，‘道可道，非常道’，道在语义上可释为包含语言的不同形式，道者，祝也，咒也，诵也。二是秩序和规范，即道理之义。三是运动与动力，即‘导’之定义，如引导、推导、推动。”① “道”的内涵在《周易》阴阳观、和合观、太极观等重要理论形态中始终一以贯之，其内在哲学理念存在于对“天理”这一自然秩序运行流变的言语述说，“知变化之道者，其知神之所为乎”（《系辞传》）。正是在《周易》整个思想体系中，天道与天理内在的运行法则得以彰显，并以包括符号图示的语言形式引导着人们掌握认识自然运动的神妙规律。“易与天地准，故能弥纶天地之道。仰以观于天文，俯以察于地理，是故知幽明之故。”（《系辞传》）体悟于宇宙周期性变化与自然秩序理念，中国人认识到有一种客观的、不以人意志为转移的所谓“逻各斯”的存在，即“道”的存在，在效法并掌握“道”的圣人那里，原本神秘莫测的“幽明之故”都将被揭开。《系辞传》有云，“易有圣人之道四焉，以言者尚其辞，以动者尚其变，以制器者尚其象，以卜筮者尚其占。”圣人作为自然界中拥有最高智慧的生命体，具有认识自身、反思自身进而改变自身的能力，超人类理性的所谓“谓之神”的

---

① 何新．哲学思考（下册）[M]．北京：时事出版社，2010：238.

事物也将在圣人关于“道”的实践指引下显露形迹，生命的理性终将会被人们所认识和掌握。

事实上，中西方哲学关于宇宙万物运行法则的诠释虽分属两套自成一体的相异思想文化境域，但以《周易》辩证逻辑与黑格尔辩证理性为表征的两种哲学体系均将生命与生命活动作为其本体论视域的主要范畴。在黑格尔那里，尽管由自我意识发展演进至绝对精神的宇宙法则承担着对理性逻辑运动最终的哲学诠释，但这一诠释却是由生命体在自身反思的辩证运动中得以展现的，即《精神现象学》中所谓“生命的过程”①，在原子、分子乃至更小的生命构成元素从细胞、胚胎生长为幼体、成体、衰老直至死亡的整个生命活动过程中，内在于生命体及其自身运动发展的那个尺度和秩序即是理性，即是一种以绝对精神为最高形态的逻辑的运动。宇宙本身作为有机统一的至大生命体，也始终贯穿着理性的逻辑运动，如同现实生命的初始、发展、壮大、毁灭一样，遵照着一个并非偶然的而是绝对的、普遍的秩序法则演绎自身，在自身的反思运动中不断否定自身、扬弃自身并生成新的自身。而在体现为“道”的易学一元论思想中，宇宙万物之“道”的本体论源头乃是生命体直观，天地人三才的有机统一实际上更多地体现为人的主体能动对天地法则的反映、遵守、适应，《周易》卦象与卦爻辞文本即是重构宇宙本体理性目的之上的人的实践理性展现。

① “生命的这种简单的实体性因此就是把它自身分裂成诸多形态并且同时就是这些持存着的诸差别的解体；而分裂过程的解体也同样是一种分裂或肢解的过程……生命的过程——固然是扬弃个别形态的过程，也同样是个别形态形成的过程。”（参见［德］黑格尔．精神现象学（上）［M］．贺麟，王玖兴，译．上海：上海人民出版社，2013：178.）

第四章

易理观与“否定论”：两种生命理念的现实存在

“生生之谓易”，生生不息的天道思维与生命理念一直都是《周易》乃至中国人传统思维中的重要部分，天地大德谓之生，宇宙万物正是由于其内在生生不息之“道”而维系着整体的动态平衡，在不断变化的历史过程中保持着自身生命的连续。可以说，中西方关于生命发展变化的不同认识构成了两种逻辑思维范式的潜在分野，《周易》辩证逻辑将宇宙看作一个大的有机生命体，其中的“日新观”“生生观”等概念注重从宇宙有机整体出发审视客观发生的生命现象，在“一阴一阳之谓道”的天人之学中体察天地化育万物的消息盈虚、日日生新，太极、八卦等易学图示更是以模拟万物流转变化的符号演绎，类比融通并揭示出涵纳广袤易理的生命理念，在为“一”太极无限无终的大周期性循环往复中，规定着生命演进的外部秩序和内在逻辑。

反观西方，黑格尔辩证哲学中的理念则以现实的生命体表征其存在状态，“直接性的理念就是生命”①。在其认识论发展的辩证过程中，

① ［德］黑格尔．小逻辑［M］．贺麟，译．北京：商务印书馆，1980：407.

“生命”在黑格尔历史哲学观中始终是一个重要概念，黑格尔既看到作为自然内在生成的生物学意义上生命个体的现实活动，也关注生命体内在的欲望、冲动与努斯精神的外在彰显，生命过程所展示的就是辩证法的“活的”过程，即主客观相统一的理念之于现实的直观。只不过黑格尔着重阐发的，乃是生命辩证活动中展现“自否定”的那个部分，也就是由生命冲动内在努斯精神所萌发的那个能动力量，这一带有十足感性色彩的因素构成了黑格尔思辨逻辑的显著特征，生命的能动性、感性特征以及直觉体验、目的价值等具体方面，均将其论域或多或少触及人的感性生命活动范畴，以至于同《周易》乃至中国传统思维中关于生命理念的理论形态发生某种意义上的话语关联。

第一节 “生生之谓易”：元亨利贞的生命理念象征

一、“元亨利贞”的生命理念阐释

“生生”是《周易》辩证逻辑思维中的一个重要理念，从本体论意义上看，中国古代先哲将宇宙视为一个有机统一的能动整体，具有生化万物的类生命特征。从字面意思上理解，“生生”是由两个“生”字重叠构成，旨在表达一个生命体不断繁衍生化的运动轨迹，这其中既包含了个体生殖生长的日新变化，又指示着作为宇宙整体运行的循环反复，是天地人三者统一的具体象征，故《系辞传》有云：“天地氤氲，万物化醇；男女构精，万物化生。”可以说，天地的和谐交融成就了万物的生发变化，如果单个的“生”是从本体论视角对宇宙作为一个生命整体的直观阐释，那么重复的“生生”也就可以理解为从生命运动不息的过程中提取的观念认识，易之“道”与易之“理”皆由“生生”演化而来，涵盖着诸如“仁”“德”“和”“合”等人文伦理之意，“天地之大德为生”（《系辞传》）。这样，原本本体论意义上的“生生”自然理念就被赋予了人文德行内涵，生命属性的内在张力透过以人为代表的生命体的道德实践而获得了更为丰富的价值内涵。在《周易》的概念体系中，这些具有实践价值的伦理理念集中表现为“元”“亨”“利”“贞”四个思想维度。

（一）万物资始谓之“元”

《周易·彖传》有云：“大哉乾元，万物资始。”乾卦为易经卦首，以“元”为喻，表明“元”字内含“首”“始”之义，又以万物资始表征其功用价值，象征作为万物之“元”的乾卦具有生发万物的最广大生命动力，其动力之大、覆盖至广，被冠以“大哉”为颂，某种意义上同宇宙万物生命运行原动力的表述具有一致性，“元”是形成生命体的原初基因，更是支持生命活动过程“生生不息”的动力来源，故《周易·文言传》将“元”推崇至“善”之高度，赋予其生命美学上的至高地位，是有“元者，善之长也”。朱熹认为，卦爻辞中的吉凶悔吝实际上包含了对价值判断的道德倾向，他在《文公易说》卷二十一举例乾卦，如占得乾，此卦固是吉辞，曰元亨。而至理之权舆，圣人之至教，寓于其间也。正是由于“元”乃自然界中万物资始，因而在人伦社会中的“元”也就相应具备了生发衍生其他道德伦理的功能，“至善”既是衍生诸德的本源，也是统摄各种德行的总纲，故“君子体仁足以长人”。

（二）嘉之会也谓之“亨”

《周易·文言传》云：“亨者，嘉之会也。嘉会足以合礼。”《系辞传》曰：“乾知大始，坤作成物。”所谓嘉之会谓之亨，即是对乾坤二力合创万物的描绘，由元而始，在亨而会，乾坤合一，天地交通。“嘉为美，会为会合。美者，即嘉会足以合礼之‘礼’也”①。一方面，“亨”之形式在于合乎“礼”，个体亨通之美须在合乎礼的尺度中孕育表达，方能在更大空间获得认可，故“能会合于礼则可使众美会合于己”②。另一方面，“亨”之内容在于合乎“美”。如前所述，“亨”之美不同于个体独立之美，而是众美之合聚交汇，有通达交通之义，泰卦、归妹卦中“天地交而万物通也”“天地不交而万物不兴”的表述均是对“亨”在生命繁衍中价值功用的说明，正是在阴阳交汇之通达中，作为一个整体的生命“大美”得以展现。

（三）义之和也谓之“利”

不同于现代思维逻辑中将“利”与“义”相对立的认识倾向，《周易》辩证思维对“利”的解释直接关联着“义”，《周易·文言

① 陈鼓应．周易今注今译［M］．北京：商务印书馆，2016：18.
② 陈鼓应．周易今注今译［M］．北京：商务印书馆，2016：19.

传》云："利者，义之和也。利物足以和义。"刘纲纪认为，"利"的内涵之所以包含"义"，可以参照荀子关于"义利"的解读，"人何以能群，曰分。分何以能行，曰义。故义以分则和"（《荀子·王制》）。在荀子看来，依照长幼有序的秩序伦常分别对待、依序行事，能够保证"义之伦"在不同群体中的实现以及"利"在集体中的合理分配。乾之利万物，是乾卦对于"天尊地卑，乾坤定矣"（《周易·系辞传》）这一天地人伦秩序的尊崇，万物在"分义"中各取其利，又在相互协作中践行"大义"，以此方可获得"义之和"的良好结果。在《周易》辩证逻辑视域中，"义"与"利"实则具有"一体两面"的关系，两者之间不仅不存在矛盾的对立，反而以一种互为表里的有机形式发生联系，其链接方式在于"和合"（"和"同"合"，相应也），"国不以利为利，以义为利也。"（《礼记·大学》）这一思想对于中国人的社会交往逻辑产生了深远影响，所谓"坚持正确义利观，即做到义利兼顾，讲信义、重情义、扬正义、树道义"①，义利并重、以义为先的伦理化逻辑思维上承《周易》辩证教化观，由此形成了极具中国特色的"义利观"。

（四）事之干也谓之"贞"

《周易·文言传》云："贞者，事之干也。贞固足以干事。""贞"为正，"干"为治也，"固"可谓之坚，"守持正道坚固则足以治

① 习近平．习近平谈治国理政（第二卷）[M]．北京：外交出版社，2017：443.

事”[①]。又云：“利贞者，性情也。”（《周易·文言传》）“性情施利于万物，又促使其正常生长运作，性情即乾元本身蕴藏的德行”[②]，而乾元之所以能施德于万物，就在于其刚健中正的贞德，“贞”释作“正”，乾坚守中正之德；刚健而正固，故元亨利三德皆可出自贞德。从乾卦的卦象来看，六爻皆阳爻，乾以纯阳卦象喻示刚健正固，万物若依循刚健中正之“贞”行事，则“足以干事”。

总的来看，位列《周易》六十四卦群卦之首的乾卦囊括了“元亨利贞”四种生命理念特质，以一个相对独立的卦的形式（卦象、卦爻辞）象征了生命内在思想逻辑内涵与运动过程，朱熹在《周易本义》注乾卦卦辞：元，大也；亨，通也；利，宜也；贞，正而固也。从卦爻辞整体来看，乾卦展现的生命动力和由弱到强、由幼到衰的生命变化轨迹与天道同理，六爻爻辞则分别以“潜龙勿用”“见龙在田”“终日乾乾”“或跃或渊”“飞龙在天”“亢龙有悔”象征生命与人生不同发展阶段所应秉持的德行操守，可以说，乾卦从生命运动发展的规律着眼，指引人们秉承自觉奋进之德，是谓“天行，健。君子以自强不息”（《周易·象传》）。“元亨利贞”四德正是在以龙为喻之乾卦中得以体现的，《文言传》有云：“君子行此四德者，故曰乾元亨利贞。”陈鼓应注译道：“四德即上文的行仁、合礼、表现义、守正。彖传以天德释乾之元亨利贞，属于天道观之范畴；文言以君子之德释乾之元亨利贞，属于人生观之范畴。”[③] 除以龙为喻展现人的生命活动轨迹

① 陈鼓应．周易今注今译［M］．北京：商务印书馆，2016：19.
② 陈鼓应．周易今注今译［M］．北京：商务印书馆，2016：23.
③ 陈鼓应．周易今注今译［M］．北京：商务印书馆，2016：19.

外，“元亨利贞”作为易之四德还可从动植物生命生长周期出发引入四季的时空变化，在更大维度上诠释生命特质的整体性，如以“元”喻示生命萌动，与四时之春对应，故草木生芽、动物繁衍新生命均多发生在春季；以“亨”喻示生命通达，与四时之夏对应，故动植物生长壮大的最旺盛时期在夏季；以“利”喻示生命成熟，与四时之秋对应，故贮藏收获时节多在秋季；以“贞”喻示生命坚守，与四时之冬对应，故冬日动植物蛰伏以保存能量，待到下一个春季萌动而出。可以说，乾卦从易道出发阐发天地人伦之道，将乾元化生万物的生命运动过程予以呈现，涵盖自然客观世界与人文精神世界，乾卦四德作为一个有机整体，其每一项内容均对应着一种德行品质，其以龙为喻的动态类比则显示出重要的生命价值指向。

二、从达尔文到马克思：辩证逻辑视野下中西方生命理念的梳理论析

由“元亨利贞”反映的生命理念可以看出，中国传统文化与思维中的生命概念不仅包含着可容纳生命自然特性的物质属性，更成为一个自始便涵养伦理精神的理念范畴，在社会伦理方面具有深刻的哲学意谓，这一点相较于西方类似的生命概念要来得更早也更为丰富。近代西方学术史上，诸如达尔文、弗洛伊德、斯宾诺莎、康德、黑格尔和马克思等关于生命理念的探讨论著，集中折射出西方辩证逻辑思维中关于生命观的认识，对中西方在两种辩证逻辑范式中的对比对话提供了具体参照。近代以降的欧陆哲学中，自然哲学或者说哲学自然主

义是由自然为中心的一大哲学流派，其中的主体部分表现为以思辨性著称的德国理性主义，这与以机械论为代表的英国经验主义显著不同，更倾向于从精神与物质的辩证关系出发考察客观自然的有机整体性。“德国理性主义把自然界视为宇宙通过矛盾斗争所发生的必然过程。人性是整个宇宙发展过程的精华和缩影”①。从整体上看，达尔文、弗洛伊德、斯宾诺莎、康德、黑格尔的学说论著都存在一定程度的自然主义即自然神论的倾向，这种倾向从本质上讲都可归于生命哲学的范畴。

达尔文创立的生物进化论开启了近代人类认识生命发展规律的科学视野。19 世纪中期，达尔文通过大量实证资料的收集综合，从生命起源与发展向度出发提出了包括人在内的生物渐进进化假说。在他看来，生物进化是一个在种群与自然、种群与种群之间相互斗争的自然结果，正所谓“物竞天择、适者生存”，能够适应并在自然淘汰中赢得生存机会的生命体方能获得种群上的延续，而在自然淘汰和选择中，由小到大的积累式、渐进式过程构成了生物体进化的路径选择，物种之间在本源构成上具有丰富的相似性甚至同构性。达尔文的进化论学说极大地推动了近代西方生命哲学乃至整个学术史的演进，不过其建构在数据与资料综合基础之上的所谓“自然事实”，所反映出的“也并不是自然史的单纯事实，而是科学的假设”②。而在黑格尔辩证逻辑视域内，广义的进化论取代了大自然的普遍进化，呈现出更为广

① 何新．哲学思考（下册）［M］．北京：时事出版社，2010：47.
② ［德］恩斯特·卡西尔．人论［M］．甘阳，译．上海：上海译文出版社，2013：359.

阔的泛进化趋向，“在黑格尔看来，宇宙的演化进程本身就是宇宙概念的逻辑发展进程，即逻辑与历史的一致”①。

弗洛伊德早年从事治疗精神系统疾病的医师职业，在大量分析治疗精神类病例的基础上，他从精神分析的心理学视角出发研究人的意识问题，为人类在心理精神层面重新审视自身的生命活动掀开了崭新一页。在弗洛伊德看来，“潜意识”这一人内心的本能“冲动”是隐藏在普遍道德、法律、舆论、秩序等现代文明之下的人生命活动的真正动因，这种以求生的原始欲望为内核的本能构成了“冲动”的发生机制，只不过受到社会整体秩序等外在规约的遮蔽而未能完全显现而已，其代表著作《梦的解析》即是以作为“潜意识”所反映的梦的理论假设，对上述主要观点做出的分析诠释。其实，梦作为一种直接的意识的“外化”产物，是自然因素发生于人体中的客观现象，是生命冲动在生物学意义上的直接体现，而在中国人的生命观念那里，“在强调天人合一的文化中，梦与所有其他的古怪现象被置于联系之中，对梦的记载不仅成为最具代表性的体验，而且解梦（占卜）的过程也显然构成了符号与表征之间的关联”②。这样，梦及其内在的生命冲动作为一种客观现象，连通了物质与意识、身体与精神，以一种兼具符号抽象和生命体验于一体的理念形式得以呈现。黑格尔在其著作《小逻辑》中强调了关于生命活动能动性的阐释，指出“扬弃那自在的带有虚幻性的客体的辩证法，乃是自身确信的有生命之物的能动性，这

① 何新. 哲学思考（下册）[M]. 北京：时事出版社，2010：49.

② [德] 朗宓榭. 小道有理：中西比较新视阈 [M]. 金雯，王红妍，译. 上海：生活·读书·新知三联书店，2017：34.

有生命之物于反抗它这种无机自然的过程里因而保持、发展并客观化其自身”①。弗洛伊德的理论贡献在于，他从现代生物学意义上发现并揭示了人的精神意识活动背后所蕴含的物质属性与原始欲望“冲动”所展现的生命能动性，这就将古希腊哲人所定义的努斯精神（原泛指思想、感情、意志等心灵活动）由单纯而抽象的精神意识乃至灵魂的探讨，引入现实而具体的物质生命语境，为黑格尔辩证理性在生存论环节找到了现代生物学上的理论支撑。

斯宾诺莎认为，自然本身即代表着神性，神是物质与精神所聚合而成的实体，实体只有一个，神即自然。斯宾诺莎的自然神论观点使他被视为哲学一元论者，他所主张的宇宙万物背后那个真正永恒的主宰乃是一元的自然之神即上帝，但上帝并不是拟人的或具有人格性的目的，而是自然本身的绝对尺度。斯宾诺莎通过将唯理论、唯物主义同泛神论的结合扬弃了经院主义哲学的宗教观，在他的思想中，综合了精神实体与物质实体的自然神作为一个实体，通过自然法则主宰世界，使得宇宙万物的运行都有其必然性，为有机体生命与客观自然界、伦理情感与规律理性等生命范畴的二元分立找到了相互统一的本体论依据，从总体上看，“这种整体直观的哲学方法就是从大自然、全宇宙观出发认识一切的思辨方法，它摆脱任何有限性和偶然性，纯从永恒和必然的立脚点来观看世界”②。这一点与《周易》中“天道”的一元宇宙观或许存在某种意义上的相似性。

---

① ［德］黑格尔．小逻辑［M］．贺麟，译．北京：商务印书馆，1980：409.
② 洪汉鼎．斯宾诺莎哲学研究［M］．北京：中国人民大学出版社，2013：174.

康德以其所创立的先验逻辑统摄包括生命范畴在内的认识、实践、伦理等知识体系。在西方的逻辑体系中，逻辑的词源属性表达为以理性、规律、尺度为内涵的“逻各斯”，大体上相当于中国文化语境中的“道”的范畴。康德先验逻辑则区别于自亚里士多德以来的所谓西方古典逻辑，古典逻辑中的辩证法被规定于逻辑工具论的形式逻辑范畴，并常常被置于“诡辩术”“辩论术”的语言逻辑层面，与中国先秦时期公孙龙、惠施等名家学说存在论域上的一致性。而康德先验逻辑所要呈现的，就是对所谓“辨说”之辞的容纳与革新，赋予逻辑以认识论和本体论的意义并将二者统一于“先验”的知识体系之内。著者认为，康德先验逻辑的历史价值在于他将逻辑本身重新定义为一种能动的具有生命特征的理念，进而否定了西方古典逻辑纯粹的“工具论”认识倾向。康德虽然没有过多的关于生命现象的直接论述，但其理论所着眼的人的生命活动以及在此基础上形成的“时空观”“实践观”“伦理观”等理念，则从逻辑的视角完成了对理念的生命以最好的注脚，将感性而富于冲动的努斯精神重置于历史与理性的尺度之中，如黑格尔所评价他：“无论何事都应该按照思维的规定进行，但不是按照单纯的情感、按照生活的惯例，或按照实际常识以及按照所谓实行家极端缺乏头脑的实际感来办事”①。而黑格尔思辨逻辑或者说辩证思维逻辑所批判和扬弃的对象，正是康德这一先验逻辑，此部分内容将在后文中探讨。

① ［德］黑格尔．哲学史讲演录（第四卷）［M］．贺麟，译．上海：上海人民出版社，2013：612.

西方思维体系中的辩证逻辑在马克思那里得到最为科学的阐明。马克思主义“辩证法”① 的一大特征就是关于实践辩证的观点，对这一重要思想的肯定，是以其指导近代中国取得伟大历史进步作为证明的。从内容上看，马克思主义辩证法体现为现实的具体的生命活动与生命本身，它是以生命本身所具有的能动性（对立统一、否定性、质量互变的有机结合）为表征的，即人的生命活动逻辑。马克思在《1844 年经济学哲学手稿》中曾从生命实践的视角阐释了黑格尔的思辨逻辑，“在黑格尔看来，自我产生、自我对象化的运动，作为自我外化和自我异化的运动，是绝对的因而也是最后的、以自身为目的的、安于自身的、达到自己本质的人的生命表现。因此，这个运动在其抽象形式上，作为辩证法，被看成真正人的生命。”② 辩证逻辑之所以有别于形式逻辑的形式化符号化倾向，其一点在于它所仰仗的是人这一富有情感体验的生命主体的自主实践活动，它所来源的不是抽象的概念性理论，而是从现实具体生活中产生的一种价值生成性逻辑。在这一点上，以《周易》为代表的重直觉体验与伦理德行的中国文化与思维方式，倒是与马克思主义辩证逻辑颇为相似。

从实践上看，中国唯物辩证法之所以形成，与马克思主义辩证逻辑同以《周易》为表征的中国辩证思维方式的历史结合密不可分，两

---

① “辩证法”一词，在马克思主义哲学中具有两种含义，一是本体上的含义，即客观辩证法、自然辩证法、历史辩证法——这些被认为是客观世界存在、发展、变化的普遍规律；二是认识论的含义，即主观辩证法、思维辩证法、概念辩证法以及辩证逻辑——这些被认为是人类认识、思维、概念的发展规律。（参见何新．哲学思考（上册）［M］．北京：时事出版社，2010：252.）

② 马克思恩格斯文集（第 1 卷）［M］．北京：人民出版社，2009：217.

种原本分属于不同思想文化体系的逻辑构成在中国人注重“融通”“变化”的思维方式中找到了现实的结合路径，其根据就是以毛泽东思想形成为代表的马克思主义辩证逻辑的中国化。对于唯物辩证法的中国化改造，毛泽东在领导取得中国革命胜利的斗争中是有着创造性贡献的，他通过大量中国传统思想尤其是《周易》思想内涵中“变”“融”“通”等观念的汇入，极大地丰富和发展了马克思主义辩证思想。在毛泽东看来，西方传统逻辑中“二元对立”的形式逻辑思维并不是辩证法，他在名篇《矛盾论》中探讨的主要矛盾与矛盾的主要方面，实质上都是为了寻求“二元”之间的相通性，即两种矛盾或方面的相互转化与有机统一，“而矛盾之间‘决定与被决定方面’在毛看来也并不是一个二元对立范畴，对‘主要矛盾’来说，不过更是个具体环境、适当情势和适逢时间的问题”①。毛泽东认为，“实践思想与实际情况相通，实践将成为关键，实践本身就是相通”②，等等，诸如此类中国传统辩证思想在毛泽东思想中的应用不胜枚举，究其根源，还在于《周易》中“融通”“变化”“交易”等辩证观对中国传统文化和思维方式的深刻影响，在毛泽东看来，“天下万事，万变不穷’，明确肯定运动变化是一切事物的属性，人类和万物一样也处在不息的变易之中”③。同时，他还直接引述《易经》中的阴阳观来阐述自己

① ［美］田辰山．中国辩证法——从《易经》到马克思主义［M］．萧延中，译．北京：中国人民大学出版社，2016：146.

② ［美］田辰山．中国辩证法——从《易经》到马克思主义［M］．萧延中，译．北京：中国人民大学出版社，2016：147.

③ ［美］田辰山．中国辩证法——从《易经》到马克思主义［M］．萧延中，译．北京：中国人民大学出版社，2016：138.

创立的“一分为二”唯物辩证法，在解读马克思主义文本“对立统一”概念时，毛泽东肯定了《易经》中的对立统一思想，指出：“中国古人说‘一阴一阳之谓道’。不能说只有阴没有阳，或者说只有阳没有阴。这是古代的两点论。”① 这些对“中国式”辩证法的自我创造与自我实践，集中体现了中国人在自身生命活动中非凡的主体能动精神，而在价值层面上，《周易》内涵“元亨利贞”的生命精神，正是毛泽东领导下中国人践行自己创造的中国式辩证法并取得巨大现实成功的充分展现。

总体上，《周易》义理所内涵的生命理念具有十分宏阔的话语场域，表征为“元亨利贞”的整体生命观“把宇宙万物视为一个生克制化的无穷过程，强调万物存在和变化的生命连续性与不可分割的系统整体性”②。如学者何新所总结的：“宇宙及其‘物质’在这一进程中，这种‘自我’生成、演化、协调、平衡的行为，是一种极其有逻辑的理性进程。是一个‘辩证’即‘矛盾论证’——在矛盾与对立中斗争、平衡、综合而发展的进程。上帝就是大自然的一个漫长、理性而有设定目的‘进化’的、有规律地发展的演进过程。”③ 而作为能够解释这一宇宙“自我”生发演进进程的理由的，即是生命的理念，宇宙是在作为一个统一生命体的本体意义上，在由简单趋向复杂、由至小趋向无限的辩证理性运动中保持自身的。在知识、意象与情感体

① ［美］田辰山．中国辩证法——从《易经》到马克思主义［M］．萧延中，译．北京：中国人民大学出版社，2016：143.
② 高晨阳．中国传统思维方式研究［M］．北京：科学出版社，2012：2.
③ 何新．哲学思考（下册）［M］．北京：时事出版社，2010：50.

验合而为一的一体化认知结构中，中国人对于生命的理解不仅遵循着“一阴一阳之谓道”的阴阳互系思维与融通变化思维，更以乾卦所示“元亨利贞”的生命能动智慧为指引，将中国人特有的辩证思维融于伦理德行实践，这在整个西方逻辑思维史中都是未曾独立出现过的。从达尔文生物进化论中由小到大的积累式、渐进式生化过程，到弗洛伊德欲望本能“冲动”的生命能动根源考察，从斯宾诺莎“神即自然”中宇宙万物统一于“一”的整体生命理念，到康德以逻辑的先验性为由，将逻辑这一日益“工具化”的理念重置为具有生命能动性的德行因素，凡此种种，西方辩证逻辑在经历了不同伟大思想的洗练后终于迎来了马克思主义辩证逻辑的诞生，而以毛泽东思想为代表的中国式唯物辩证法，即是在哲学思维层面对中国传统文化与思维方式极富创造性的继承与发展，历史与逻辑在中国革命建设中具体而现实的统一说明了这一点。因而在某种程度上，以《周易》为代表的中国传统思想凭借其内在巨大的吸纳融通功能，足以在诠释学意义上，统摄不同文化价值与逻辑认知上的结构差别，当然，这种统摄和结合所基于的一定是现实的时代环境与社会基础以及艰辛的实践过程，而并非仅仅概念上的抽象组合。

第二节 “自否定”中创生：黑格尔辩证逻辑的发生与彰显

源于努斯冲动的“自否定”，是黑格尔辩证逻辑发生的根源和动因。在黑格尔看来，单单从概念上寻求辩证法的意义是徒劳的，因为对象世界时刻处于辩证运动的变化之中，而现实的生命活动即生命的自我否定与自我超越，为认识和掌握辩证法提供了直接的路径。“生命既是开始的特殊化作用，又是达到否定的自为存在着的统一的结果，因而生命在它的肉体里只是作为辩证的过程和它自身相结合”①。这里，黑格尔已经明确了生命体生长繁衍过程的否定性，在他看来，这一过程暗含着的就是辩证的“活的”过程，作为一个活生生的生命个体，理念统摄了生命体所谓灵魂与肉体这两个部分，二者构成了共存且统一的理念直观。在《小逻辑》一书中，黑格尔从“生命进展”的维度阐释了其内在的“自否定”因素，“有生命之物的自身否定，正是它的概念本身的一个环节”②。从外部对无机自然的反抗和保持，到成为“自为”的无机自然，从内部生命过程经历“敏感、反感和繁殖”的自然界形式，到“有生命的主体在自身中的再生”③，“黑格尔辩证法一言以蔽之，就是试图将不可规定的生命、生存、能动性和自由用语言或逻辑规定下来，或者反过来可以说，赋予已被抽象化和僵化了的语言、逻辑形式以内在的生命和‘自己运动’的动力”④。可以说，不论在哪个逻辑维度，“自否定”因素始终贯穿于黑格尔整个思辨逻辑体系并发挥着巨大的能动作用，在这个意义上讲，黑格尔辩证逻辑之所以可被称为“理念的生命”，其创生与发展的内核在于

---

① ［德］黑格尔．小逻辑［M］．贺麟，译．北京：商务印书馆，1980：407.
② ［德］黑格尔．小逻辑［M］．贺麟，译．北京：商务印书馆，1980：409.
③ ［德］黑格尔．小逻辑［M］．贺麟，译．北京：商务印书馆，1980：408.
④ 邓晓芒．思辨的张力［M］．北京：商务印书馆，2008：63.

“自否定”。

一、“自否定”在黑格尔辩证逻辑中的四个维度

（一）辩证本体论中的“自否定”

在一定意义上，黑格尔那里的辩证本体论或可与客观逻辑或者客观辩证法的概念互通，这是因为黑格尔关于主客观关系的判断更多的是基于主体能动的概念形成过程，即“把客观的东西描述为主体自己生成为客观本体的过程，从而建立起能动的概念本体论的”①。虽然黑格尔从主体能动论到辩证本体论的推引是概念层面上的，但对于生命生成过程中蕴含的辩证逻辑的描述和探讨却是十分深刻的，其内在的自否定因素彰显出黑格尔逻辑学中本体论的辩证性，并通过生命起源与生命活动在理念或概念上的演进来呈现。在黑格尔那里，生命内在的目的性是超越了无机性、化学性、机械性等客观性的生命要素，“目的是由于否定了直接的客观性而达到自由实存的自为存在着的概念”②。生命的目的就是实现生命得以诞生、生长直至死亡的生命过程本身，个体生命以其活生生的生成生长过程无时无刻地否定着自身的原初状态，“肉体的个体性作为无限的否定性，乃是它的彼此外在存在着的客观性的辩证法，这客观性从独立持存的假象返回到主观

① 邓晓芒．思辨的张力［M］．北京：商务印书馆，2008：557.

② ［德］黑格尔．小逻辑［M］．贺麟，译．北京：商务印书馆，1980：389.

性”①。在不断的变化（“自否定”）中，生命以直接理念的形式发展着、呈现着辩证法。可以说，黑格尔关于生命理念的辩证逻辑都与时间概念密切相关，所有的否定和“自否定”都是基于时间产生消灭之“变”而发生。在不可逆的时间进程中，精神、理念、目的得以经由生命整体的存续而以“精神生命”的形式留存下来，生命自为自在的辩证本体特征“既具有自然生命的客观性，又具有精神生命的能动的概念本质。因此作为客观的逻辑意义上的生命，它超越于人的生命之上（本身也体现于人的生命之中），而成为一个本体论化或实体化了的概念”②。

黑格尔辩证本体论之于生命的探讨，与《周易》中“生生”“日新”等饱含生命理念的思想具有许多可比较之处。本体论意义上，《系辞传》云：“生生之谓易”，又云：“是故易有太极，是生两仪，两仪生四象，四象生八卦。”此太极生发演进犹如老子“道生一、一生二、二生三、三生万物”之阐述，即是对时空中生命个体“自否定”过程的描述。结合更为具体的卦象来看，方孔炤在《时论合编凡例》中提出，“易故自碎其太极以为物物之卦爻”，所谓“自碎”，即六十四卦由乾卦始，自己把自己打碎，也就是自己排斥自己，使自己一分为二。是则一自碎其一而为二，即产生一个新的“一”，新的“一”又自碎产生另一个新的“一”，如此继续发展，至既济卦而止，又自未济卦而生。③ 由此，《周易》在辩证本体论意义上确从自身独有视角

① ［德］黑格尔．小逻辑［M］．贺麟，译．北京：商务印书馆，1980：406.
② 邓晓芒．思辨的张力［M］．北京：商务印书馆，2008：597.
③ 王章陵．周易思辨哲学（下）［M］．济南：齐鲁书社，2007：496.

观照着生命自身发展的全过程。同时，现代科学和系统论学说也从整体上肯定了生命生成与宇宙整体运动之间的密切联系，而这在《周易》辩证思想中早已有之。《说卦传》有云："和顺于道德而理于义，穷理尽性以至于命"①，宇宙生命规律及现象应统一于合宜的状态之中。王夫之进一步阐发此意，在《读四书大全说》（卷二·中庸）中提出"天地以和顺而为命，万物以和顺而为性。继之者善，和顺故善也"。历代中国学者不仅十分注重从宇宙整体视角看待生命本身，更以整体要素之间的有机和谐，作为促成宇宙万物发展的本源因素，将阴阳平衡状态视为万物生发生长的最佳状态，并以此生命本体论推及至实践教化领域，将万物存在发展的目的引向对"仁""义""善"等目的价值的践行。

（二）辩证认识论中的"自否定"

黑格尔辩证认识论之所以能作为一种指导认识活动的方法论被提出，与其中贯穿的思辨理性或辩证逻辑不无关系。在《小逻辑》中，黑格尔认为，"认识到思维自身的本性即是辩证法，认识到思维作为理智必陷于矛盾，必自己否定其自身这一根本见解，构成逻辑学上的一个主要的课题"②。可见，辩证认识论中的"自否定"是促动思维自身发展成其内在的一个矛盾的主要诱因，而对于现实的人的生命活动来说，作为理智的思维陷入矛盾却并不是基于思维（理念）自身人

① 陈鼓应．周易今注今译［M］．北京：商务印书馆，2016：702.

② ［德］黑格尔．小逻辑［M］．贺麟，译．北京：商务印书馆，1980：50.

格化的抽象认识活动，而是人切身而直接的生命体验。在这个意义上，表现为生命体验的人的感性直观在他自身的生命活动中与同时并行的理智构成一种否定关系。实际上，黑格尔没有排斥神秘主义在生命体验中的特殊价值，他相信那种不可言说却只能凭借直观感受到的，正是以努斯精神为代表的冲动和否定，以至于“他自己则主张建立以生命体验为基础的‘主观宗教’”①。这种对神秘主义认识论倾向内在于其思辨的理性逻辑之中，并在人生命活动的理念中达到统一。其实，黑格尔在生命维度中构造辩证认识论所要揭示的，正是在生命体验这一逻辑环节上矛盾的统一，“这就涉及（到）需要和冲动、行动，涉及（到）价值和有目的的实践的问题。因而也是一个超出个体固有的抽象物而涉及（到）与另一生命个体的关系，即‘类’的问题”②。这就表明人的认识活动是一种具有社会属性的精神的类活动，人类种群的延续扬弃了个体的感性直观与个别体验，最终以精神的形态持存于生命整体的历史演进之中。

如前所述，《周易》辩证逻辑中也存在关于“类”的判断与分析，《周易》卦名、卦辞、爻辞以及“十翼”中的诸多内容均可视为关于生命“类”活动的摹写，只是这一摹写兼具了统摄生命体验与理智规范的功能，通过占卜这一高度神秘化、仪式化的感性体验与对现实情状的客观分析，人获得了一种不可言说的体悟，并最终被人在实践环节所采纳，其中的否定因素被消解于宗教般的神秘之中，如黑格尔所

① 邓晓芒．思辨的张力［M］．北京：商务印书馆，2008：521.
② 邓晓芒．思辨的张力［M］．北京：商务印书馆，2008：529.

言，“神秘作为思辨的内容，就它的性质说来，只是对理智（知性）是不可知的秘密，而不是对于理性；从思辨的意义看来，神秘的正是那合理性的”①。

（三）主体体验中的“自否定”

在黑格尔辩证逻辑体系中，主体学说与实体学说总是不可分割的。有生命的个体作为主体，一方面在不断外化、物化其外在客观性的活动中获得实体的规定，另一方面又在其生命实践活动中以体验的方式找寻情感归属与价值目标。黑格尔虽强调这两者在普遍性与个体的直接性上的否定关系，认为“有生命的个体性由于它最初的直接性的缘故，与普遍性处于否定的关系中”②，但并没有从生命体验的视角加以诠释。应当说，前者肯定了个体生命通过自身能动的生命活动“同化它的外在的客观性，因而它自身便取得一种真实的规定性，于是它现在就成为潜在的族类、实体性的普遍性”③。

也就是说，是生命繁衍经历了“分类”“推类”之后形成的“族类”，完成了个体生命对自身作为一个整体从规定性上的确认，即实体的确认，此时的生命主体是作为一个可以物化的“类”的实体而存在的，但这一实体仅仅是抽象的物，而非现实的物。而后者关注的乃是个体生命或者说个体的人（因为只有人才能在生命实践活动中以体验的方式找寻情感归属与价值目标）感性的主体本身，这就与前者的

① ［德］黑格尔．小逻辑［M］．贺麟，译．北京：商务印书馆，1980：79.
② ［德］黑格尔．小逻辑［M］．贺麟，译．北京：商务印书馆，1980：410.
③ ［德］黑格尔．小逻辑［M］．贺麟，译．北京：商务印书馆，1980：410.

客观实体性构成一种现实的否定关系。在主体体验的视域中，人之所以能够进行对象化的生命活动（生产实践），是因为个体的人通过现实的实践活动，体验、感受到了自身存在的主体性，其中包含的价值判断与情感意志的感性内容伴随、引导着生命活动的全过程，这不是抽象的“类”或“族类”的规定所能赋予的。在中国传统思维范畴，自古以来注重体认、意会的体验式、体悟式思维方式构成中国人整体的思维倾向，中国人习惯的是明理、重情、求意的思维形式，对客观事物的把握是基于实践认知的体验感知。《周易》卦爻辞的形成既源于人类历史活动的经验摹写，又饱含着深厚的伦理教化价值，其辩证思维内在的“至善”旨趣向内推及为主体对于生命活动的体悟体验，向外推及为个体生命对人类这一“族类”整体的教化规范，这就从人文价值的现实实践层面融通了主体与实体的辩证关系。

（四）历史演进中的“自否定”

黑格尔辩证逻辑之所以得到马克思的高度关注，与其建构于客观历史演进的时空维度不无关系。在生命物种进化的历史过程中，生命个体的繁衍首先可视为“在它自身内部的运动过程，在这个过程里它自身发生分裂，分化为它的各环节的差别与对立”①。生命体自身的分裂即是其再生的必要环节，这一不断更新的“自否定”运动使得主体得以在一定时空中保持自身，即原个体基因的持存与整体种群的延续。这表现在，在物种概念分类的进程中，更为高级物种的产生，存

① ［德］黑格尔．小逻辑［M］．贺麟，译．北京：商务印书馆，1980：408.

在于生命体进化由低向高、由小到大的“自否定”运动中，从单细胞到多细胞、从较低级生物到较高级生物。后一物种总是在之前旧物种的生命体征基础之上进化，既保留了旧有的生命信息又基于新的时空实际演变出新的生命特征，不断地“自否定”自身、扬弃自身而又重复自身。因此，“物种概念的进化史乃是一个‘客观限定’的过程，即由最初形态简单的抽象概念向形态较复杂的具体概念演进的过程”①。这一过程无疑具有历史性，是生命体在历史时空中“自否定”运动的体现。

而另一方面，物种种群的整体存续又包含着作为整体的物种之“类”对个体的否定，只是这种否定关系的建立，不在个体自身内部而在个体之间，即黑格尔所谓的“族类”，由此，生命的理念从而得以“进到作为自由的族类为自己本身而实存。那仅仅直接的个体的生命的死亡就是精神的前进”②。人类个体在历史时空中的生命有限性被作为整体的“族类”延续而扬弃，使得生命（人）在历史时代与民族精神的体验中获得一种历史感。尽管如此，黑格尔的辩证历史观总是围绕概念式的逻辑思维而展开，是体现在时间中而非实践中的逻辑系统，是“客观思想或绝对精神能动的自我创造活动”③。尽管黑格尔试图在历史演进的概念维度中探讨生命“自否定”运动的环节，主张人在自由而有意识的追求生命目的的行动中，“包含着历史的有自由目

① 何新. 哲学思考（上册）[M]. 北京：时事出版社，2010：46.
② [德] 黑格尔. 小逻辑 [M]. 贺麟，译. 北京：商务印书馆，1980：411.
③ 邓晓芒. 思辨的张力 [M]. 北京：商务印书馆，2008：628.

的性的根源”①，但却因此忽略了作为整体的现实人类感性生命活动。按照马克思主义的观点，人类现实的感性生命活动在逻辑上、历史上具有统一性，其落脚点在于人的主体实践与创造力，而在中华传统思维特别是《周易》辩证逻辑中，对这种生命理论中历史感的体现是十分显著的。诚如莱布尼茨所言，“我们不能在描述一个有机物的瞬间状态时，不把有机物的整个历史考虑进去，不把这种状态与其未来状态相联系”②。

在六十四卦中，大量卦爻辞的内容来源于历史事件和著者关于现实人伦规则的深刻认识，这种基于历史要素的整体判断在卦爻辞中俯拾皆是，如泰卦、升卦、归妹卦、既济卦等均属于以历史人物、事件、史实来表明易理。当然，我们不能以历史事件与史实的阐发来代替易理中包含的“自否定”因素。事实上，《周易》重要的功用之一就是关于类的推理、推演、演绎，这个推演的方式就是以“通变”“阴阳”“生生”等中国式的否定形式进行的，正所谓“阴极成阳，阳极成阴”，“刚柔相推，而生变化”，“物不可终否”，等等，卦爻辞正是借助史实更为全面地论证了这一推演过程。同时，历代易学史的阐释同时也是中国辩证逻辑思维史演化过程的呈现，每一代易学思想汲取前人思想的同时，也是对之前观点的否定与新的阐发，在整个易理的思想体系中，不同历史时空下易理的新的阐发与演绎归纳，从另一个方面构成了《周易》不断“自否定”自身

① 邓晓芒．思辨的张力［M］．北京：商务印书馆，2008：623.

② ［德］恩斯特·卡西尔．人论［M］．甘阳，译．上海：上海译文出版社，2013：84.

并不断发展自身的现实思想依据。

总体上，黑格尔四种逻辑维度中的“自否定”因素，最终所指向的那个潜在的目的就是人类现实的生命活动和感性实践。《周易》和中国传统文化中的“自否定”概念在根本上并不能与西方语境下的“自否定”做直接对应比较。从现实的角度看，中国式辩证逻辑及其“自否定”因素更多的是一种伴随主体体验体悟而展开的感性实践，这就当然离不开关于情感、心灵、心性等范畴的探讨，此类生命体验建构在现实人的生命活动和实践经验基础之上，凝炼在易理及其相应的易学思想之中。事实上，“自否定”之于中国式辩证逻辑正是在历代易理与易学思想的发端与碰撞中得以体现的。

二、“自否定”在易学辩证逻辑中的四类范畴

（一）关于“性”之概念融通与本质规定的关系探讨

如果必须同西方相似概念做一比较，那么中国语境中“性”的范畴或许可与西方生存论意义上的生命本性、个性、欲望等内涵进行“互译”，而在中国式辩证逻辑强调生命直观与直接体验的特征中，来自个体与个体、个体与群体之间的对立统一与“通变”关系也通过关于“性”在历代易学易理中的范畴流变而得以彰显。“和顺于道德而理于义，穷理尽性以至于命”（《说卦传》），此处之“性”可理解为

物性，表明了《易》在“究极物性并最终通晓自然和人类的终极命运”① 本体论上的价值。《系辞传》有云：“一阴一阳之谓道。继之者善也，成之者性也。”阴阳对立依存与转化构成了宇宙万物发生发展之规律，“一阴一阳之谓道”即是对“阴与阳矛盾转化关系的表述，此实为对老子‘反者道之动’的转译。以阴阳概括易道，与《庄子》‘《易》以道阴阳’相合”②。衍生与成就生命万物正是易之美德与本性，此处“性”意为本性，“继”与“成”乃阴阳相会之功，可见，阴阳交通是生成生命万物之根本，生命之道是对生命本性的摹写，是对新生命的成就，故《中庸》有云，“率性之谓道”，“性”之表示既反映事物本真原貌，亦体现为天地大德大道。

两汉时期的易理主要通过象数易学的形式阐发，是“以大量八卦所象征的物象来探究卦爻象与卦爻辞之间的关系”③，在符号话语之间的转换阐释过程中，完成对“性”的易理诠释。其中，孟喜所创四正卦说、十二消息卦说、六日七分法和七十二候说等卦气理论即是根据节气、时空、月份赋予卦象以更为丰富的物性特征。京房所创纳甲、八宫等学说则是以具体卦爻辞的干支对应、五行对应、八宫卦象变化反映六十四卦的各自本性，正是伴随着具象时空的日新变化，各卦爻体及其符号表征依循自身之“天性”的交感变化，勾勒出不同时空环境中生命运动发展的规律性特点，如乾《象》所言，“各正性命，保合太和，乃利贞”。

---

① 陈鼓应．周易今注今译［M］．北京：商务印书馆，2016：702.
② 陈鼓应．周易今注今译［M］．北京：商务印书馆，2016：602.
③ 杨效雷．诠释学视野下的易学［M］．广州：华南理工大学出版社，2017：1.

到了魏晋宋元时期，对“性”的阐发多从义理视角进行，将两汉时期单纯从卦爻象探讨出发的象数“物性”与“本性”推及探讨人伦社会的“心性”层面，进而在感性经验维度丰富了这一时期的易理诠释，“而关注到‘性’同时具有超越的层面和感性经验的层面这一点，可以说是包括朱熹和张载在内几乎整个宋明理学人性论的基本共识”①。张载主张“太虚即气”的气一元论，生命之“本性”存在于气之消长。朱熹认为应在卜筮的语境下诠释易理，将感性经验汇入“性”之内涵，云：“论天地之性，则专指理言；论气质之性，则以理与气杂而言之。”② 又在其理气观之中以义理释“性”，言：“天地之间，有理有气。理也者，形而上之道也，生物之本也；气也者，形而下之器也，生物之具也。是以人物之生，必禀此理，然后有性；必禀此气，然后有形。”③ 实则表明作为生命本体之“性”在“理”“气”等不同实体维度中自我转化、变化、通达的“自否定”运动过程，而《易》中卦爻象之“性”又通过卦爻辞中的吉凶悔吝得以最终体现，实质上构成了指向人伦秩序价值判断的实践准则。

明清以降，关于“性”的义理阐释多借尊史崇古的研究进路展开，王夫之承继宋学，将自然主义的唯物观融入“性”的探讨，将抽象的阴阳、盈虚义理释以“物性”内涵。王夫之认为万物是一个“实有”的物质世界，“物性”首先是一个真实存在，人们认识事物的根

---

① 彭国翔. 从出土文献看宋明理学与先秦儒学的连贯性——郭店与上博儒家文献的启示［J］. 中国社会科学，2017（04）：105.

② 彭国翔. 从出土文献看宋明理学与先秦儒学的连贯性——郭店与上博儒家文献的启示［J］. 中国社会科学，2017（04）：106.

③ 朱杰人. 朱子全书（第23册）［M］. 上海：上海古籍出版社，2002：2755.

据正是基于万物的真实存在性，“观变于天地而见其生，有何一之可疑哉？天地以为数，圣人以为名”①。王夫之以唯物观诠释发展易学中的“体用”问题，认为“粟依土长、依种而生，浆依水成、依器而挹”②，对物的正确使用支配是因为人们认识体悟到物的客观存在，而这种认识体悟是累积式、否定式的经验所得。李塨则侧重以卦爻辞之“性”与人伦人事的结合，李塨认为，《中庸》“举性天而归诸人事”是“引而近之”，程颐、杨时“举道行而归诸性天”是“推而远之”，此区别正是学术之真正区别所在。③ 卦象、爻辞之“性”在于言人事之吉凶悔吝，圣人忧患人事，修易以求崇德广业，才是《周易》所要传达的主旨。清初思想家张尔岐则从天人合一的“穷理尽性”之学出发，探讨卦爻象同人性、天理之间的内在关联。他认为人心的主观能动性使人能同天地感应，以获得某种天人之间的“共性”，而八卦的创制正是此种“共性”的符号模拟，他认为伏羲氏俯仰观察，始作八卦，“卦与之通而无间”“卦与之类而不违”，由此，“物理特性无不具于八卦”之中。④ 万物有其各自本性，遵循各自合理运行规则和尺度，人亦如此，人依循各自本性的同时应与“天理”不相违，卦象及其内含易道即是对人“穷理尽性”的一种摹写，易道反映天道运行变化的实质是援天入人，依据天道说明人事命运，故“圣尺度之神，即天命之神，圣心之易，即天命之易，是所谓至命也”⑤。

① ［清］王夫之. 周易外传（卷二）［M］. 北京：中华书局，1977：37.
② ［清］王夫之. 周易外传（卷二）［M］. 北京：中华书局，1977：62.
③ 杨效雷. 诠释学视野下的易学［M］. 广州：华南理工大学出版社，2017：168.
④ 汪学群. 清初易学［M］. 北京：商务印书馆，2004：202－203.
⑤ 汪学群. 清初易学［M］. 北京：商务印书馆，2004：210.

综上，《周易》语境下关于“性”范畴的探讨在不同历史阶段代表了不同内涵与特征，其内涵上的“自否定”不是以概念特征上的相互排斥、对立为表征，而是呈现出概念内在规定性上的“融通”倾向，从两汉时期在卦象卜筮基础上的“天性”论，到魏晋宋元的“心性”论以至明清时期“物性”“人性”论，中国古代辩证逻辑以其内在概念范畴的自我流变、自我演化、自我“否定”诠释和反映着不同历史时期社会经济发展的现实需要。在黑格尔辩证逻辑体系中，规定即是否定，否定即“自否定”，同一个范畴中的若干子概念之间并不单纯是一种“外在”的否定（即直接的拒斥排斥），而是同一范畴之内概念的自我演化与自我规定，是一个不断丰富和超越自身原有内涵的过程，这在一定程度上与《周易》辩证逻辑在历代易学思想中的“自我发展流变”具有某种共通性。

（二）关于“理”之概念流变与逻各斯的关系探讨

《周易》话语体系中的“理”涵盖“天理”“道理”“命理”“伦理”等大的“理学”范畴，此与西方辩证逻辑中逻各斯虽可做同等概念位阶的比较，但在生成路径与文化境域中的差异是显著的。黑格尔思辨逻辑中的“理性”主要体现于逻各斯的规律、规则、尺度等关联内涵，是从语言形式及其颠倒（否定）演进而来，表征为剥离了感性直观的理性主义。而以《周易》为代表的“理”的范畴则以融入“天人合一”的直观体验为概念的构建根本，并非通过外在语言逻辑形式的否定，而是向内“反身”的感官体验来形成。从汉代董仲舒的“天人合一”理论初建到宋元时期“理学”“心学”的建立，直至明清时期思想演进种种，在“理”的范畴中，概念的不断演化是以后学不断扬弃旧学的“自否定”路径展开的，其间又杂以“道”“德”“气”等多维度范畴与理念的融入汇通，最终形成了中国文化语境下关涉“理”和“理性”的独特内涵。

两汉时期易学兼具先秦易学的象数占卜特征与其后学的义理阐发功用，董仲舒创立的“天人感应”之学即是其说典型代表。董子以《春秋》与《易》之并举以示“天理”人事，认为天地运行之“公理”与社会人伦秩序之“事理”存在着内在的关联与对应，是有“人之为人本于天”（《春秋繁露·为人者天》），“天地之常，一阴一阳”，“四者天人同有之。有其理而一用之”（《春秋繁露·阴阳义》）。天地运行、生命运动内藏阴阳消息变化之“理”，与五行互为表里、相辅相成，又见人伦规则之“理”，“故五行者，乃孝子忠臣之行也”（《春秋繁露·五行之义》）。此阴阳五行之易理以社会伦理的形式作用于社会生产交往的诸多领域，为董仲舒所谓“天人感应论”“阴阳灾异论”演进为社会“公理”主流思潮提供了重要理论基础。

魏晋时期，王弼忘象、忘言易学诠释观的思想渊源早在先秦诸子那里已有论及，庄子云：“蹄者所以在兔，得兔而忘蹄。言者所以在意，得意而忘言”（《庄子·外物》），又云：“意之所随者，不可以言传也”（《庄子·天道》）。墨子认为，“执所言而意得见，心之辩也”（《墨子·经说上》）。老子则说，“多言数穷，不如守中”（《道德经》）。在以儒家思想为主要内容的《易传》中，又有“书不尽言，言不尽意”（《系辞传》）的认知。可见，中国古代语言逻辑对于“理”的认识并非通过所谓“言”，即西方所谓逻各斯的语言分析而获得，不论是庄子之“随意”、墨子之“心辩”、老子之“执中”，还是儒家所认为的“尽意”，在中国文化境域中，人的生命体验与主观感知都是高于抽象理念的更为深刻的客观存在，关于“理”的认识方式与获得途径唯有在向内感知体验的过程中方能取得。由此，王弼承继了诸子中“忘象”以至“忘言”的认识方式，提出“言者所以在意，得意而忘言”①，强调“得意”“取义”的主观体悟，主张无限理性意蕴中的主体感知。同时，王弼首创“义理”之学“扫象”以释《易》，通过卦爻辞以及其中哲学思想的阐发讨论“言”与“意”的问题，一为丰富易“理”之内涵，二为拓宽易“理”之认识手段，形成了一套关涉“理”的独特研究范式。

宋元时期易学具有高度哲学化、伦理化的思想特征，以程颐、朱熹、张载等为代表所创立的理学体系，通过辩证的逻辑诠释方式，将《易》之“理”集中阐释为现实社会交往中的伦理纲常。程颐在其著作《伊川易传》中以“理”诠《易》,② 首先，程颐认为“理一分殊”，不同生命、不同事物各自遵循各自存在发展之“理”，在本体论层面，“理”构成了万物生长运行的最高原则，生命不分大小、强弱均循“理”而生，只是具体生命形式下的“理”各有其特征表现，故“天下之理一也，途虽殊而其归则同”③；其次，程颐将“理”理解为社会伦常之“礼”，视“礼”为“天理”在人类社会的现实映射,④

① 楼宇烈．周易注校译［M］．北京：中华书局，2012：285.
② 杨效雷．诠释学视野下的易学［M］．广州：华南理工大学出版社，2017：78－79.
③ 梁韦弦．程氏易传导读［M］．济南：齐鲁书社，2003：201.
④ 杨效雷．诠释学视野下的易学［M］．广州：华南理工大学出版社，2017：76.

此在其关于归妹卦、夬卦、履卦等注疏中多有体现，程云：“男女有尊卑之序，夫妇有唱随之礼，此常理也。”① 复次，程颐对生命循“理”与生命本“性”之间的辩证关系多有关注，在程颐看来，“欲求”作为生命本性的主要范畴需要受到“理”的调整，一为天地运行生命运动之“天理”，“阴阳交感，男女配合，天地之常理也”②，二为人类社会伦常之“伦理”，“然从欲而流放，不由义理……伤身败德，岂人理哉”③！可以说，程颐在《易》中集中阐发“理”之内涵十分丰富，从生命本体论高度将“理”视作事物存在发展规律性、尺度性、必然性的缘由，“理”以其不以人意志为转移的客观实在超越了生命原始之“性”，外在于人的主观感知而存在并被人所认知，这些思想极大地拓宽了“理”在《周易》辩证逻辑中的阐释维度。

张载将宇宙万物运转流变之“理”诠释为“气”，在《横渠易说》辞上中，以气论为核心构建自己的“理学”体系，主张“气之生即是道是易”，把“气”的流变消长视为决定生命万物发展变化规律的最高原则。一方面，张载赋予“气”以最高本体的价值，提出“气本论”思想，即宇宙万物生化发展背后的最终动能来源于“气”，太虚即气，气化万物；另一方面，张载的“气论”包含“一物两体”的辩证思维，他将“元气”视为“气”之元初形态，“元气”经太极之道化成阴阳二气，二气互为表里、相反相成、升降互变，二气和谐统一至“天地氤氲”乃化万物。张载以其“气论”对玄学义理一派的思

① 梁韦弦．程氏易传导读［M］．济南：齐鲁书社，2003：312.
② 梁韦弦．程氏易传导读［M］．济南：齐鲁书社，2003：312.
③ 梁韦弦．程氏易传导读［M］．济南：齐鲁书社，2003：312.

想给予更为丰富的改造补充，将“理”“道”等抽象概念通过“气”之升降、沉浮、消长做形而下的具体阐释，并赋以“仁”“义”“德”“和”等伦理价值，为从生命内部矛盾因素出发探求易理提供了新的认识论视角。

在程颐与张载之学的基础上，理学集大成者朱熹提出“理本气末”“格物穷理”等若干重要思想，主张在义理阐发的同时兼容象数、占筮观点，创立了涵盖易理易道的庞大“理学”体系。一则，朱熹认为“理”“气”是一组相辅相依的关系，二者同构于“理气”，理气不分、理本气末、理气合一，“理”是事物发展的终极标准。“理未尝离乎气，然理，形而上者；气，形而下者”①。二则，朱子主张占筮所基于的象数理论是一种对易“理”的直观反映，他否认脱离卦象卜筮的直接说“理”，认为卦爻辞均可从卦爻象中找到根据，“诸爻之象，圣人必有所据，非是白撰，但今不可考耳”②。认为《易》本为占筮之书，指筮中必含理。三则，朱子将太极、阴阳、理气融于易理的整体范畴，强调其“理气”辩证观中的生命理念。《孟子字义疏证》卷中言：“太极生阴阳，理生气也。阴阳既生，则太极在其中，理复在其内。”生命万物秉承此太极、阴阳、理气之易理而生长化成，太极综汇万物之理，“是以人物之生，必禀此理，然后有性；必禀此气，然后有形”③。并辅以八卦图示形式呈现《周易》文本内涵，以《图》

① 朱杰人．朱子语类（卷一）［M］．上海：上海古籍出版社，2002：115.
② 朱杰人．朱子语类（卷一）［M］．上海：上海古籍出版社，2002：1915.
③ 朱杰人．晦庵先生朱文公文集（五十八卷）［M］．上海：上海古籍出版社，2002：2755.

释《易》，以《图》言“理”。可以说，以程颐、朱熹之学说为主干所形成的程朱“理学”一派，首次从易学路径出发，完成了对西方哲学史中所谓“永恒”问题的系统阐述。冯友兰认为，“他们的‘理’的观念直接来自《易传》，《易传》所讲的‘道’则是宇宙万物中每一类事物内含的原理。程颐和朱熹正是从《易传》所讲的‘道’，发展出他们所讲的理”①，即关于生命万物各从其类，在分类、类推、演化之永恒易理中所蕴含之“理”。

明清以降，以王夫之为代表的学者从自然哲学观视角探讨易理，王夫之更为辩证地论及《易》之“理气”观念，认为“理”与“气”共存且不分先后，形而下之物质基础是为“气”，形而上之原理规律是为“理”，阴阳二气乃发端于太极的一种实体存在，他在《周易内传》卷末中提出：“太极无阴阳之实体，则抑何所运而何所置耶?”同时，王夫之还将“欲”的人性部分纳入“理”的比较视域，指出天理与人欲即“理”与“性”之间的辩证关系，认为二者之间偏颇一方、离开一方而言另一方的倾向均不合理。“无理则欲滥，无欲则理亦废”②。人们进行社会交往和生产生活的物质基础在于满足人性即“欲”之追求，本身是一种合乎“天理”的日常需要，不应被强制抑制或消灭，只要这种“欲”之满足符合“理”之尺度就应该得到认可，此为人“性”之使然，但在德行层面“理”则优先于“欲”，因此，王夫之在《周易内传》卷四中对震卦的诠释中就提出“惟恐理不

① 冯友兰．中国哲学简史［M］．赵复三，译．北京：外语教学与研究出版社，2015：523.

② ［清］王夫之．周易外传（卷六）［M］．北京：中华书局，1977：210.

胜欲，义不胜”。

总体上，“理”的概念经历代易学家阐释演绎，逐渐成为一套关涉宇宙本体与生命普遍规律的“理学”形而上学，与黑格尔逻各斯尺度、规则所不同的是，中国语境中对“理”的向内反观与直觉体悟直接连通于“理学”的概念表达，不论是董仲舒以《易》为源提出的“天人感应”说，还是王弼以“理”诠《易》中的“忘象”以至“忘言”，“理”都不单单是一个语言符号就能够全面覆盖的范畴，这也成为《周易》辩证逻辑强调“通变”与“体悟”的一个思想基础。同时，“理”与“性”的辩证关系也构成《周易》逻辑思维中的一组重要关系，不论是“天命之性”中“天理”对人性之投射，还是“气质之性”中循“理气”而生之现实人性，抑或“义理之性”中“人欲”对“理”的遵循践行，都表征着易理易道在不同范畴维度之间的流变融通，在某种意义上，如朱熹所述，“性即是理”①，作为最高本体价值与规律之“理”同样普遍存在于每一个有机生命体之中，类似于柏拉图所谓“一”和“多”的关系，《道玄篇》大道章中，是谓“万物各有太极，动静与道而不离”。因此，“理”在不同话语语境中的概念流变均可视为对包括“物性”“心性”“人性”等“性”之内涵转义，二者相互转化的融通关系因历史时空的不同而呈现出阶段性特征。与西方辩证逻辑相比，在中国式易理的语境中，“理”的内涵不仅囊括对西方所言逻各斯理性主义的统摄，而且具有生命体验向内“反观”

---

① 冯友兰．中国哲学简史［M］．赵复三，译．北京：外语教学与研究出版社，2015：553.

的能动属性，即透过“性”“情”“心”等概念而体现出的生命属性，这种范畴与范畴之间内在融通、流变、变易、延续的辩证逻辑是西方逻辑思维所不曾具有的，即便在黑格尔辩证逻辑中，辩证的内核主要也是基于矛盾对立、否定的清晰关系的界定，而非刚柔阴阳、唯变所适的“混沌”一体。

（三）关于“情”之“心”“性”内涵与“精神实体”关系探讨

“情”在《周易》辩证逻辑中是一个十分重要的概念范畴，其在各时期易学文本中表征的丰富内涵，构成了易理思想与价值体系的重要部分。在东西方的文化系统中，“情”多在感性经验层面被解释为“情感”或“情绪”，例如伦理层面的道德情感、情绪情致。而在儒学体系特别是《易传》中，“情”也从一种感性经验层面的内涵上升为具有本体论和逻辑意义之“情”并延续至今。① 在“通变”“交易”“延续”等《周易》辩证逻辑中，“情”始终作为一个能动的否定“变量”存在，它不是凭空产生发端于“性”、遵循于“理”的一种“性”的已发状态，而是基于主体感性直觉的体悟。人在各种生命活动中的所有内容均是“情”之使然，以至于关涉“心”“诚”“善”的概念、仁义礼智信的伦理范畴以及联想、想象的认识路径等，因此，人的生命活动是在普遍尺度之“理”的统摄下，因循“情”而产生了差异与不确定性。与黑格尔“自否定”只能由概念自身反思而表达的

① 彭国翔．从出土文献看宋明理学与先秦儒学的连贯性——郭店与上博儒家文献的启示［J］．中国社会科学，2017（04）：108.

定义不同，“情”是以人的特殊生命感知力为前提的一种看似“非理性”状态的摹写，而在易理的逻辑体系中，如前所述它又是具有逻辑意义的一种恒常的实体概念，这体现在历代学者关于易理诠释的学说当中。

《周易》经传中直接论及“情”的文字不在少数，“情”与“性”的辩证关系常以一种“情”发端于“性”的“体用”价值被并行提出。《文言·乾卦》有云，“利贞者，性情也。”此处“性情”指乾元本就蕴含着的德行，如朱子在《朱熹别集》卷八所言，“故仁义礼智者性也，而心之所以为体也。恻隐羞恶恭敬辞让者情也，而心之所以为用也”。陈鼓应认为，“性”谓乾德先天之体，“情”谓乾德后天之用。①“情”因与“性”的“体用”关系被推至“天性”的本体论层面，同时具备了卦象所含纳的德行品质，如《乾卦》“利贞”中“施利于物之利”“守持正道之贞”均是生命万物所应效法之“情”的体现。汉代象数易学的特点之一是通过八卦象征物象探讨卦爻象与辞的辩证关系，即关于符号转换的一种诠释解说，其中“情”在诠释这种转换关系中起到了重要作用。《文言·乾卦》云，“六爻发挥，旁通情也。”此处“情”做天地万物之情理理解，卦象爻象变化移动产生新的符号图示，直接指向其内涵之“理”的变化，“理”旁通于“情”，从而将宇宙万物运行生长之规律赋予“情”的生命感知。此外，《系辞传》言圣人作卦，“近取诸身，远取诸物”，“圣人立象以尽意，设卦以尽情伪”，即是通过设立乾、坤、震、巽、坎、离、艮、兑八卦

---

① 陈鼓应．周易今注今译［M］．北京：商务印书馆，2016：23.

之象以连通万物之所谓“物情”，由此“以通神明之德，以类万物之情”。“情”发轫于生命之“性”，又与事物内含之“理”相通，既具有德行价值又会通阴阳造化之性质，以类为分表达万物之情态。可以说，《周易》中“情”的内涵已不再只是对人的喜怒哀乐的情绪指代，而是饱含“以类万物”功用的一种生命感知力，是对感性经验有所超越的一种“形而上学”，在这个意义上的“情”具有了与“性”“理”相通的本体论地位，或与黑格尔所谓“精神实体”存在“互译”的可能。

魏晋玄学代表王弼认为，爻变由“情伪之动”引起，奇偶阴阳之爻两两因性质不同而发生规律性变动，“根据承、乘、比、应的不同情形以及或顺或逆于卦时，可以判断爻的吉凶悔吝”①。爻所示情态变动直接映射人情事理的特定形势，因此，人应据此做出适应形势变化的行为选择。王弼在此所称之“情”类似于专属于人所感通之“理”，而非单单感官上的情感情绪。在他看来，常人只是遵循喜怒哀乐这类感官上的“情绪”生活，而圣人与常人不同之处在于圣人“有情而无累”，他们不是没有情感情绪，而是基于宇宙天道的宏大层面感知生命之“情”，有所谓“不以物喜，不以己悲”之意。王弼从易理出发丰富了“情”的内涵诠释，对后世以情入“心”、以“情”入理产生了很大影响。

在宋明理学话语体系中，“心”与“情”的概念具有可互译性，二者虽表征生命之“性”的“已发”状态，但都归摄于“理”之普

① 刘玉平．易学思维及其文化价值［M］．济南：山东大学出版社，2011：88.

遍永恒，“按照程朱学派的看法，事物分门别类，并非每一类都有‘心’，‘情’，但各类事物都有其特性，就是它们的理”①。程颢赞同王弼对圣人之“情”的描述，认为圣人的喜怒是对宇宙万物客观现象的反照，并不特别联结个人的荣辱得失，因此圣人不会陷入“情”之枷锁。朱熹循“理”而论及“性”与“心”，主张领悟永恒理念世界与修养具体内心世界的兼顾统一，“越多领悟‘理’，也就越多领悟‘心性’，它通常被人的禀受所蔽，人通过‘格物穷理’使‘理’得以再现”②。而在陆王心学中，“理”对“性”“情”的统摄被“心”所取代，所谓“心即是理”，其中的“情”被“诚意”“良知”“明德”等更为具体的价值规范所涵射，人因“正心”之“情”而遵循修齐治平的内在道德规制。事实上，“情作为一种心性本体直接发动的道德情感，显然不能是理性感性严格二分意义下的单纯感性的道德情感……即便在西方，也并非完全没有类似这种对于‘情’的看法，如在西方学者舍勒那里，‘情’就被视为一种具有超越于感性经验层面的‘价值感’，即那种区别于先天超越性的道德情感”③。应当说，中国语境下的“情”受易理交易、通变的辩证思想影响甚大，除了对一般意义上感性经验“情感”的囊括以外，还融通了超越性的道德情感。

---

① 冯友兰．中国哲学简史［M］．赵复三，译．北京：外语教学与研究出版社，2015：545.

② 冯友兰．中国哲学简史［M］．赵复三，译．北京：外语教学与研究出版社，2015：563.

③ 彭国翔．从出土文献看宋明理学与先秦儒学的连贯性——郭店与上博儒家文献的启示［J］．中国社会科学，2017，04：109.

明清时期易学思想家李塨就是一个代表，他从为人处世的德行价值出发，在诠释易理的学说中融入了“情”的价值判断，以仁义道德的价值前提超越吉凶悔吝的功利观念。在其著作《周易传注》对坤卦“西南得朋，东北丧朋，安贞吉”的诠释中，李塨认为“天下得丧何常，惟贞（正）是安”。这一坚守正道、践行天道的“价值感”成为指导人实践活动的重要标准。同时，李塨也辩证地看到，现实中的“情”（价值判断）并非能左右一切的绝对因素，他在《周易传注》卷四提出，“小人之难去如此，君子去小人之难如何，厉哉”。另一位易学思想家王夫之则从“理欲”视角论及“理”与“情”之关系。其作《周易内传》有云，“人之有情有欲，亦莫非天理之宜然者”。“天理”存乎人情，乃“天理”在人类社会所谓“天情”的投射，即便在洞悉宇宙运转之“理”的圣人那里，对“人欲”“人情”都不曾采取绝对拒斥的态度，是谓“圣人不轻绝人之情”。反过来，“人欲”“人情”又需循“理”而发，即在“礼义”规则的基础之上表达，正如其在《周易外传》卷二中所说，“情欲节于礼义之防而乱自息”。王夫之作为明清之际思想家的代表，秉持古代朴素唯物主义阐发易理，从《周易》史观视角对“理气”“心性”之间所固有的差异做出了“和合统一”的辩证论析，其关于“情”的阐释既连通于“人欲”的物质前提，也观照自宋明以降“理气”的发挥，应当说，“情”与“性”“理”观念随史而变，但在易理的总体范畴中，其内涵的“连续”总是大于“断裂”，这似乎构成了《周易》对内在辩证逻辑的一种印证。

实际上，在黑格尔辩证逻辑的内在构成中，“情”这一“精神实体”是有其内涵规定的，那就是以努斯精神为代表的生命自由意志。黑格尔辩证逻辑的一层要义，就是试图阐释生命自由的努斯精神对形式主义逻各斯精神的否定与突破，以建立一种富有生命活力的充满“爱”的辩证理性，黑格尔本人正是通过提出关涉“生命”“爱”等自由“精神实体”的论说，从理论上完成了对康德所谓理性“二律背反”问题的解决，“情”所表征的恰恰是遵循努斯意义的自由意志，是自由生命的“价值感”的真正彰显。反观《周易》辩证逻辑“情”发端于“性”、融“情”于“理”的思维方式，主体的生命体验始终展现着“自由意志”的外在运动路径，相应而来的是体验本身的重“情”倾向对形式化语言逻辑的消解，即在另一方面表现为意象化、诗化语言和类比象征表达方式的推崇，这一点在《周易》卦爻辞文本中比比皆是。而在对自由意志之“情”的规定方面，《周易》将占筮的吉凶悔吝融于伦常纲纪的礼仪规范之中，不同于黑格尔抽象的以“外在的语言或逻辑作为规定”，即“用个体生命存在的努斯精神突破形式主义的逻各斯的外在束缚，以便能找到一种富有内容和生命活力的新型的逻各斯（理性）。这就是黑格尔的辩证理性”①。中国式思维中“情”的表达是现实且富有礼仪伦常的规定性意义的。

（四）关于“无”之玄学思想与“自否定”逻辑关系探讨

“无”的概念在《周易》乃至中国传统文化中都是一个大的范畴，既内含对“有”（being）的实体现象否定之“无”（no－thing），也包

① 邓晓芒．思辨的张力［M］．北京：商务印书馆，2008：64.

括对“有”（being）的存在状态否定之“无”（no - being），在英文的词源中，“thing”在一般意义上可泛指无生命的存在物，而“being”不仅代表一种生命存在和生存状态，还可指代生命存在物尤其人的天性或本质，与“no”所对应的“无”不能仅作字面或翻译层面上的理解，而应在与“有”对应的生命关系以至在“道”的更为宏阔的哲学范畴进行阐释。“无”集中反映了中国自然宇宙观特别是易学和道家学说中的“通变”辩证思维，同黑格尔辩证逻辑中的“自否定”概念存在比较讨论的可能。“道”乃老庄及道家学派思想中的核心范畴，《周易》则是道家著说的主要思想源头，《系辞传》所言“一阴一阳之谓道”“形而上者谓之道”均是对“道”的直接论及。“无”的概念多见于对“道”认识的描述，“老子以本体界之‘道’为无形迹，而现象界之‘器’则为有形迹”①。“道”是充盈于天地人伦之间的一个高度抽象的“精神实体”，在形而上的“无形迹”层面，“道”创生生命万物同时为万物提供生长动力，它无法具体描绘但又无处不在，“器”之“有”形即是在实体性上对“道”的摹写，“道”之“无”形即是在超越性上对“道”的展现。

首先，老子认为“无”是对天地之间无法命名、无法定义的“形而上”事物的一种表征，“无名”“无极”“无为”等概念即是如此，它们统摄于“道”的总体范畴。《老子》有云，“道可道，非常道；名可名，非常名。无名，天地之始；有名，万物之母。”不可名状之“道”产生天地，无法以语言形式定义，但“道”是真实存在并运动

① 陈鼓应．周易今注今译［M］．北京：商务印书馆，2016：2.

发展的，这便是“道”之“无名”，“无名”之“无”趋向“有名”之“有”，万物化生各从其类，进而各有其名。① 可以说，“道”之于“无”“有”的万物化生乃是对大自然命名与分类的一个深刻摹写，从“无名”到“有名”既为不同的生命形式提供不同概念界定，也是对表征为大自然自我分类的所谓“客观逻辑”的直接体现。在这个意义上，“名”的从“无”到“有”恰恰表明大自然本身所经历的，是一个“自我否定”“自我分类”“自我命名”的“自否定”历史过程，本着对宇宙天地之“道”的把握，《周易》八卦符号所要表达的，乃人类思维对这一自然过程的模拟和记录，其中的“卦变”“爻变”等符号变化规律均是对这一自然逻辑的直观反映，而在自然逻辑发展至“万物化生各从其类，进而各有其名”之前，对“道”的呈现必然是无法命名、无法定义之“无”。

其次，“无名”之“无”，在语言逻辑上体现为对概念定义的否定，这也成为以“三玄”为代表的中国古代语言风格高度意象化和诗化的一个内在缘由。究其根源，语言逻辑的形成在于人的行为方式与内在体验，而不是逻辑的外在规定。自先秦以来，中国古代特定的社会交往方式决定了古代语言的诗化性质，这种同西方生产与社会交往方式差异所产生的生存体验差异，使得对无从定义、无法定形且不可言说之“道”的感受把握只能存在于人的体悟践行之中。由此，“不可言说”“意在言外”的“无言”“少言”语言倾向逐渐成为“道”

① 冯友兰．中国哲学简史［M］．赵复三，译．北京：外语教学与研究出版社，2015：173－174.

的认识表达方式，而语言逻辑上的式微则在另一方面被行为逻辑上的伦理化倾向所取代，表现为古代语言风格中内含的政治价值与伦理指向。相较之下，黑格尔辩证法旨在通过语言和逻辑定义看似不可规定的生命、精神、自由等“精神实体”，描述其运动发展进程中内在的客观规定性，其语言承载的逻辑功能乃是对概念尽可能精确的规定。

再次，“道”的演进发展是一个自在过程，本体论上“道”是一个先于人存在的存在，它不因人类的意志而具有某种本质规定性，如同天地一般从无到有，故“无名，天地之始”（《道德经》）。同时，“道”之生发也遵循着不以人意志为转移的无为进路，无为既表示是人力所无法为之，又代表天地万物自我发展演进之自然有为，体现着一种自己规定自己、自己发展自己、自己“否定”自己的自然发展观，故“天下万物生于有，有生于无”（《道德经》）。从这个意义上讲，老子之无为确是一种自然秩序指引下的“无所不为”，即促动生命万物依循自己本性的自然法则而运动繁衍，“无为”仅作为促动“有为”的一种路径而存在，正是因为“无为”，方能引导自然万物自我生发的“无所不为”，黑格尔所谓“理性的机巧”的论述似乎可作为对老子“无为”之道的一种阐释，“这种理性的活动一方面让事物按照自己的本性，彼此互相影响，互相削弱，而它自己并不直接干预其过程，但同时却正好实现了它自己的目的”①。大易之道无所不包，不干预万物沿着自身本性运转的同时，又引导万物在时间的流逝中永不停歇地向前发展，天地之理如此矣。而在生命生化繁衍的具体性上，

① ［德］黑格尔．小逻辑［M］．贺麟，译．北京：商务印书馆，1980：396.

老子引入了量的表示，认为“道生一，一生二，二生三，三生万物”。而“道”所代表的“无”正是“一”所代表的“有”所产生的逻辑前提。在这个意义上，生命从无到有的诞生即是“道”自身演化的“自否定”过程，从“有”对“无”的否定，到“二”对“一”的否定，在一个不断自我重新规定自身、发展自身而又不脱离自身的那个大的“道”的范畴，生命自身不断“重复”着自身展开自身的活动，如个体胚胎生成至幼体、成体直至死体的过程，“道”存乎生命之中，而“无”表征着生命肇始。

魏晋时期玄学思想将“道”与“无”“有”内涵做出进一步阐释，以“无”为本的“贵无论”与万物自生的“崇有论”相继被提出。向秀、郭象将“无”对“道”之不可名状表意解释为“道”之全体，主张道“无所不在，而所在皆无也”①。同时，将《易》之阴阳观引入“无”的逻辑体系，认为在从“无”到“有”之间，还存在一个并非具体之物但却实际存在的阴阳“实体”，言“谁得先物者乎哉？吾以阴阳为先物，而阴阳者即所谓物耳。谁又先阴阳者乎？……吾以至道为先之矣，而至道乃至无也”②。这样，由“道”之“无”生发至万物之“有”的生命过程就融入了作为实体存在的阴阳因素，阴阳之“物”之间的辩证关系充实了从“无”到“有”之间的逻辑内容，使《周易》“一阴一阳之谓道”的核心内涵更为丰富。

---

① 冯友兰．中国哲学简史［M］．赵复三，译．北京：外语教学与研究出版社，2015：405.

② 冯友兰．中国哲学简史［M］．赵复三，译．北京：外语教学与研究出版社，2015：405.

此外，郭象所主张的万物“独化”思想也从另一个维度拓展了“无”之于“有”的“道”的演进理路。郭象认为，万物自我生成、自我演化、自我分类的“独立生化”是一个客观现实，生命万物之间虽然均受自然之“道”的普遍支配，具有广泛而密切的内在关联，但亦遵循自我生长进化的特殊路径。《晋书》中提出“有”的“自生”本质问题，认为“夫至无者无以能生，故始生者，自生也”。万物从无到有的生化规律不仅是现实的，而且是自主自为、自然而然的，生命之繁衍与其说是宇宙自然之大“道”的普遍化映射，不如说是每一个具体的生命遵循自身生命特性的自我“内生”，故“自生而必体有”。郭象等魏晋名士的“自生”“独化”学说均是从各自观点出发对天地万物所谓本体“自生”论做出的玄学解释，其内在依据则是对“道”与《周易》变易思维的综合。生命万物之所以具有“自生”的能力，乃是其自身基于阴阳动因而生成的“化”的能力，即由“无”到“有”与从“有”到“无”的变易、转化能力，或者说是在生命非存在与生命存在之间的过渡转化，而现实的存在与非存在都只归摄于生命过程这个历史时间维度中，即永恒的“道”的维度中，在这个大前提下，万物既是存在之“有”，又是已经流逝了的非存在之“无”，在生生不息的自我演化中展现着“道”之变化，这也为阴阳变化之“道”在生命体中的相互作用提供了一种新的解读路径。

在黑格尔辩证逻辑体系中，“有即是无”与“无即是有”不仅是形式逻辑上主宾语词的颠倒问题，更是范畴之间矛盾的相互转化，表明“来自（于）一个范畴的自我否定性这一辩证本性”①。黑格尔所谓“变易”的辩证思想中贯穿着“自否定”的逻辑主线，“变易是第一个具体思想，因而也是第一个概念，反之，有与无只是空虚的抽象……所以‘有’中有‘无’，‘无’中有‘有’；但在‘无’中能保持其自身的‘有’，即是变易”②。黑格尔将“变”作为对“有”与“无”的统摄综合，而“变”的主体在事物自身，即“同一个东西由于自否定而产生自己的对立物（否定），而后又回到自身（否定之否定）”③。由此可以看出，黑格尔认为，在一切存在物之中均隐含着作为该存在物“自我否定”的对立物，在“有”与“无”的变易过渡中，存在着“有”中生“无”与“无”中生“有”的统一，即在另一物中达到的自我联系，这一变易过渡的指向乃是一种生生不息的“真正的无限”，在这个意义上，“变易”也意味着永恒。

黑格尔对于“有”“无”问题的理解虽并没有超出形而上的抽象概念，但其以事物自我“否定”的“变易”观解释范畴之间的相互转化，与中国古代易学中关于“变”的范畴解读存在一定相似之处。尤其在“自生”“独化”理论中，所谓的“生化”之说已经涉及黑格尔所谓事物自身“自否定”之“变易”这一重要理念。更为可贵的是，其中阴阳两种“实体”交易、变易的哲学思想直接指向的是现实的生命活动本身，大大丰富了所谓易道在生命本体论上的逻辑内涵，如黑格尔所述，“在生命里，我们便得到一个变易深化其自身的范畴。生

① 邓晓芒. 思辨的张力［M］. 北京：商务印书馆，2008：127.
② 邓晓芒. 思辨的张力［M］. 北京：商务印书馆，2008：134.
③ 邓晓芒. 思辨的张力［M］. 北京：商务印书馆，2008：134.

命是变易，但变易的概念并不能穷尽生命的意义”①。“有”与“无”的概念定义并不能完全覆盖生命演变的各个环节，唯有在自然之“道”的现实物质运动中，生命自身逻辑理念的辩证性方能得以显现。

综上观之，以思维逻辑为视角审视中西方思想史，既是一个哲学问题也是一个历史学问题。张岱年先生认为，“东西文化的不同包含有时代性的不同。虽然时代性不同，这两种文化还是可以比较的，但要做具体深入的分析”②。整体上看“自否定”在易学辩证逻辑中的四类范畴，“性”“理”“情”“无”的逻辑递进实际上构成黑格尔所言“概念”即中国语境下“易道”自身的“自否定”过程。这个过程表现为两条进路：一是基于“道”的整体观的各范畴之间“否定”的关系探讨，二是基于特定范畴在不同历史阶段的诠释之间的“否定”关系探讨。

对于前者，“性”“理”“情”“无”四种范畴实质上呈现出一种“通变”的内在逻辑关系，即“变动的否定”，它对应着黑格尔所言“绝对精神”的自身运动，在整体上表征为“道”或“易道”自身能动的运动、变易和演化。

首先，“性”是生命内在原始的自然特征，反映为生存论意义上生命“天性”“本性”的某种初始本能，而“理”则表达着对“性”的一种规定（或否定），即促使生命“天性”沿着某种尺度、规则、理性的逻各斯运动发展的逻辑目标，只不过黑格尔那里的“理”是以

① ［德］黑格尔．小逻辑［M］．贺麟，译．北京：商务印书馆，1980：200.

② 张岱年．文化与哲学［M］．北京：教育科学出版社，1988：45.

语言、逻辑为媒介的客观理性，而易理易道之“理”则重在循礼而发的人的内在体验。

其次，相较于西方逻各斯所表达规则、尺度之理性，中国式思维和文化中的“理”指向的是人内心的直观体验，它与“情”同处于一个思维维度，同源于“性”的发生机制，这就必然要求构建一种融“情”于“理”的“通变”关系，在否定本来之“理”的同时，在“变易”中规定一种“理”的新的内涵和尺度，如黑格尔所认为的，在有之变中，有为规定性做基础，而规定性则是对他物的关系；这种否定只是作为自己与自己相关的否定时，才具有一个有。《易》之中国古代辩证法即表明了这种“有之变”。①

再次，经历由“性”而发至“理”“情”的生命理念运动过程，“易道”辩证逻辑的最后一环需要通过“无”的反思回溯完成“自否定”的全部环节，即通过消灭所有的业已发生而“循环”至一种新的生命初始状态。“无”对“有”的否定，不论是“无名”“无言”抑或“无为”，都是这个“反思”过程中的各个范畴。

对于后者，从历史维度看，历代易学思想对关涉四类范畴的阐释也因历史阶段的推进而呈现出“自否定”的逻辑特征。如前所述，中国古代特定的社会交往方式决定了古代语言和逻辑的性质，同样，唯物辩证法观点认为，生产力与生产关系之间的矛盾运动规律也适用于解释社会物质生产、交往方式同历代易学思想之间的辩证关系。在“易道”运动、发展、变化的各个历史阶段，其背后的经济社会发展

---

① 邓晓芒. 思辨的张力［M］. 北京：商务印书馆，2008：101.

状况对不同时期易学思想的萌发起到了决定性影响。纵向看，从先秦时期的《易》之“神道设教”到两汉时期的“兼通义理”，从魏晋时期的“三玄”流行到宋元以降以易为源理学体系建立，以至明清以后对“理气”“心性”之间差异所做“和合统一”的辩证论析，“情”“性”“理”“无”的易理观随史而变的历史逻辑没有改变，历代易学学说继承旧学基础之上又否定、批判、扬弃旧学的思想演进规律没有改变，作为一个整体的易道自身遵循着“自否定”的逻辑演变方式。横向看，易道所折射出的整体性思维倾向将其内在诸范畴引向互融互通，而“融通”“通变”本身就表示为新的事物与新的规定性的出现，当然也蕴含着新对旧的一种否定关系，只是在作为整体的易道内部各范畴那里，这种否定关系被内化为“新的自身”否定“旧的自身”的一种“自否定”。

结 语

本书着眼于《周易》辩证逻辑与黑格尔辩证逻辑的比较研究，将“生命与理念”作为两种逻辑体系的核心范畴与比较重点，全部探讨内容也围绕这一条主线展开。本书认为，《周易》辩证逻辑与黑格尔辩证逻辑的比较要以两种逻辑体系的生成与演进作为起点，为此，本书着眼于远古人类生产交往方式，探讨社会生产力发展推动易学演变的内在规律，并阐释了从符号易到象术易的辩证易象观，以及从易传到易学发展过程中的教化易理观。在同黑格尔辩证逻辑的比较中，本文集中阐述“反思”与“否定”这一黑格尔思辨逻辑的内在根据，认为二者内涵的逻格斯与努斯精神是促成黑格尔逻辑“理念”具有“生命”属性的重要原因。在更进一步的比较中，本书从生命运动演进的逻辑图示与外在象征切入，提出易象观与“反思论”以及易理观与“否定论”这两大维度的逻辑根本差异，集中阐述了作为“生命的理念”的《周易》辩证逻辑与作为“理念的生命”的黑格尔辩证逻辑之间的根本异同与“互译”可能。总体上，本书力图从“生命与理念”“《周易》辩证逻辑”“黑格尔辩证逻辑”三大概念维度入手，在生命哲学的层面建构中西方逻辑思维互鉴比较的学理框架，以满足新时代中华优秀传统文化与西方逻辑对接的现代性转化需要。

在此，著者还要说明几点。

第一，历代关于《周易》思想的学说论述多不胜数，所积累形成的易学已可作为一相对独立的学科存在，而易学本身又极为庞杂深奥，范围不仅涉及考古学、史学、文学、哲学、政治学、伦理学等传统学科，在更为宽泛的心理学、天文学、符号学、数理学、文化人类学、美学等内容和新兴学科层面亦有所涵盖，本书着眼于运用《周易》经传与历代易学学说进行比较研究，必然需要以跨学科视角审视古籍文献与当代文本的关联异同，因此，融合了多学科知识构成的易学思想史的梳理论析在本书中占据重要内容，但从另一方面讲，在有限的篇幅探讨涉及如此繁复学科的论题，难免存在挂一漏万和不够深入的可能，比如本书在第一章中虽深入阐释了从符号易到象术易的辩证易象观，但在论及这种辩证易象观所内含的生命理念时可能略显单薄。

第二，立足于唯物史观比较中西两大文化思维体系是本研究所坚持的方法论基础。长期以来，不管是《周易》还是黑格尔的学说，在普通大众甚至一部分学界人士那里还仅仅停留在朴素辩证思维和唯心主义固有的简单判断，应该说，《周易》作为一部富有占筮功能的哲学文本，尽管在历代易学思想家的阐释探究中不断萌发出新的价值意蕴，但从唯物史观的方法论出发开展研究仍具有挑战，本书没有回避如何评价解释《周易》占筮功能的现实疑问，而是将社会生产力与人类交往方式作为推动易学演变的主动力，以劳动实践、易象图示、同质类推、直觉体验等诸范畴的逻辑推进为主要论域，并融合西方辩证逻辑中自我意识、语言图示、图腾崇拜、占筮类推等域外思想成果，历史地、具体地剖析《周易》占筮活动的内在学理缘由与现实依据，阐述了“天人感通”这一《周易》生命理念之于占筮活动的思想基础，以及其对于理解中国辩证逻辑思维的重要意义。

第三，在世界多元文化交融碰撞的新时代，中华优秀传统文化必须努力实现创造性转化与创新性发展，方能在与包括西方在内的世界文化交融互鉴中占据一席之地，这是基于新时代文化自信的需要，也是推进文化强国战略、构建人类命运共同体的需要。文化的根源在于思维和逻辑，不同的逻辑与思维决定了文化沉淀累积的方式与发展路径，本书之所以从辩证逻辑维度比较中西方文化系统，原因也在于此。尽管从本体论、认识论、逻辑学，抑或语义学、时代背景、思维方式等方面，中西方文化思维的形成与发展路径都存在诸多根本性差异，但是同作为人类智慧结晶的两种思想体系，在诸具体范畴特别是生命与理念范畴，二者或许存在某种联系甚至融合“互译”的可能。本书第三章、第四章即是对于这种“互译”可能所做出的学术探索，当然这一探索也可能显得不够成熟或不够全面，从更为长远的视角来看，对该领域的研究仍需进一步的深化和完善。

参考文献

一、古籍与经典文献

［1］［魏］王弼．周易正义［M］．韩康伯注，孔颖达疏．北京：北京大学出版社，1999.

［2］［魏］王弼．周易注校译［M］．楼宇烈，校译．北京：中华书局，2012.

［3］［汉］许慎．说文解字［M］．徐铉，点校．北京：中华书局，1963.

［4］［唐］房玄龄等．晋书［M］．北京：中华书局，1974.

［5］［明］王夫之．船山全书［M］．长沙：岳麓书社，1996.

［6］［明］王夫之．周易外传卷二［M］．北京：中华书局，1977.

［7］［宋］朱熹．周易本义［M］．廖名春点校．北京：中华书局，2009.

［8］［宋］朱熹．朱子全书（修订本）［M］．上海：上海古籍出

版社，2010.

[9] [宋] 张载. 张载集 [M]. 张锡琛，点校. 北京：中华书局，1978.

[10] [宋] 邵雍. 皇极经世书 [M]. 卫邵生，点校. 中州古籍出版社，2007.

[11] [宋] 邵雍. 邵雍集 [M]. 北京：中华书局，2010.

[12] [宋] 程颢，程颐. 二程集 [M]. 王孝鱼，点校. 北京：中华书局，2004.

[13] [宋] 刘牧. 易数钩隐图 [M]. 长春：吉林出版集团，2005.

[14] [宋] 周敦颐. 周敦颐集 [M]. 北京：中华书局，2009.

[15] [明] 来知德. 周易集注 [M]. 张万彬，点校. 北京：九州出版社，2004.

[16] [清] 惠栋. 周易述（附易汉学、易例）[M]. 郑万耕，点校. 北京：中华书局，2007.

[17] [清] 黄宗羲. 易学象数论 [M]. 北京：九州出版社，2007.

[18] [清] 陈梦雷. 周易浅述 [M]. 上海：上海古籍出版社，1982.

[19] [清] 胡煦. 周易函书 [M]. 北京：中华书局，2008.

[20] [清] 李道平. 周易集解纂疏 [M]. 北京：中华书局，1994.

[21] [清] 阮元（校刻）. 十三经注疏 [M]. 北京：中华书局，2009.

[22] [清] 段玉裁. 说文解字注 [M]. 杭州：浙江古籍出版社，2006.

[23]［清］四库全书总目［M］. 北京：中华书局，1965.

[24] 李光地. 周易折中［M］. 刘大钧，整理. 成都：巴蜀书社，2010.

[25] 马克思恩格斯选集：第1—4卷［M］. 北京：人民出版社，2012.

[26] 马克思恩格斯文集：第1—10卷［M］. 北京：人民出版社，2009.

[27] 列宁专题文集——论马克思主义［M］. 北京：人民出版社，2009.

[28] 列宁专题文集——论辩证唯物主义和历史唯物主义［M］. 北京：人民出版社，2009.

[29] 列宁选集：第1—4卷［M］. 北京：人民出版社，2012.

[30] 毛泽东选集：第1—4卷［M］. 北京：人民出版社，1991.

[31] 毛泽东文集：第1—8卷［M］. 北京：人民出版社，1993.

[32] 中共中央宣传部. 习近平总书记在文艺工作座谈会上的重要讲话学习读本［M］. 北京：学习出版社，2015.

[33] 人民日报评论部. 习近平用典［M］. 北京：人民日报出版社，2015.

[34] 习近平. 习近平谈治国理政［M］. 北京：外文出版社，2014.

[35] 习近平. 习近平谈治国理政（第二卷）［M］. 北京：外文出版社，2017.

[36] 习近平. 决胜全面建成小康社会夺取新时代中国特色社会

主义伟大胜利——在中国共产党第十九次全国代表大会上的报告[M]. 北京：人民出版社，2017.

二、近现代研究著作

[1] 金岳霖. 中国现代学术经典金岳霖卷 [M]. 石家庄：河北教育出版社，1996.

[2] 李镜池. 周易通义 [M]，北京：中华书局，1981.

[3] 陈鼓应. 老庄新论 [M]. 上海：上海古籍出版社，1992.

[4] 陈鼓应. 易传与道家思想 [M]. 北京：生活·读书·新知三联书店，1996.

[5] 陈鼓应. 周易今注今译 [M]. 北京：商务印书馆，2016.

[6] 廖名春.《周易》经传十五讲 [M]. 北京：北京大学出版社，2004.

[7] 李零.《孙子》古本研究 [M]. 北京：北京大学出版社，1995.

[8] 冯友兰. 三松堂全集 [M]. 郑州：河南人民出版社，2001.

[9] 高亨. 周易古经今注 [M]. 北京：清华大学出版社，2010.

[10] 高亨. 周易大传今注 [M]. 济南：齐鲁书社，1998.

[11] 李学勤，朱伯崑，等. 周易二十讲 [M]. 北京：华夏出版社，2008.

[12] 林忠军. 象数易学发展史 [M]. 济南：齐鲁书社，1999.

[13] 刘大钧. 周易概论 [M]. 成都：巴蜀书社，1999.

[14] 刘大钧，林忠军．周易经传白话解［M］．上海：上海古籍出版社，2006.

[15] 吕绍纲．周易阐微［M］．上海：上海古籍出版社，2005.

[16] 俞吾金．被遮蔽的马克思［M］．北京：人民出版社，2012.

[17] 冯友兰．中国哲学史新编（上）［M］．北京：人民出版社，1998.

[18] 冯友兰．中国哲学简史［M］．赵复三，译．北京：外语教学与研究出版社，2015.

[19] 冯友兰．中国哲学史（上）［M］．上海：华东师范大学出版社，2011.

[20] 杨国荣．历史中的哲学［M］．上海：华东师范大学出版社，2009.

[21] 张其成．象数易学［M］．北京：中国书店，2003.

[22] 朱伯崑．周易通释［M］．北京：昆仑出版社，2004.

[23] 何新．哲学思考（上下卷）［M］．北京：时事出版社，2010.

[24] 洪汉鼎．斯宾诺莎哲学研究［M］．北京：中国人民大学出版社，2013.

[25] 高晨阳．中国传统思维方式研究［M］．北京：科学出版社，2012.

[26] 邓晓芒．思辨的张力［M］．北京：商务印书馆，2008.

[27] 王章陵．周易思辨哲学（下）［M］．济南：齐鲁书

社，2007.

[28] 杨效雷．诠释学视野下的易学［M］．广州：华南理工大学出版社，2017.

[29] 孙春增．先秦法哲学思想研究［M］．济南：山东大学出版社，2009.

[30] 武树臣．儒家法律传统［M］．北京：法律出版社，2003.

[31] 蔡尚思．十家论易［M］．上海：上海人民出版社，2006.

[32] 陈梦家．殷墟卜辞综述［M］．北京：中华书局，1988.

[33] 陈来．古代宗教与伦理——儒家思想的根源［M］．北京：生活·读书·新知三联书店，2009.

[34] 成中英．易学本体论［M］．北京：北京大学出版社，2006.

[35] 冯契．中国古代哲学的逻辑发展［M］．北京：东方出版中心，2009.

[36] 高怀民．先秦易学史［M］．桂林：广西师范大学出版社，2007.

[37] 王树人．回归原创之思——“象思维”视野下的中国智慧［M］．南京：江苏人民出版社，2005.

[38] 梁韦弦．程氏易传导读［M］．济南：齐鲁书社，2003.

[39] 王章陵．周易思辨哲学（下）［M］．济南：齐鲁书社，2007.

[40] 刘玉平．易学思维及其文化价值［M］．济南：山东大学出版社，2011.

［41］张岱年．文化与哲学［M］．北京：教育科学出版社，1988.

［42］徐瑞．周易符号学概论［M］．上海：上海科学技术文献出版社，2013.

［43］吴克峰．易学逻辑研究［M］．北京：人民出版社，2005.

［44］许征帆．马克思主义词典［M］．长春：吉林大学出版社，1987.

［45］唐明邦．天人之学——唐明邦自选集［M］．北京：中央编译出版社，2013.

［46］林京耀，等．马克思恩格斯认识论的形成和发展［M］．上海：上海人民出版社，1987.

［47］张世英．天人之际——中西哲学的困惑与选择［M］．北京：人民出版社，1995.

［48］张善文．洁静精微之玄思——周易学说启示录［M］．上海：上海三联书店，2003.

［49］叶秀山．永恒的活火：古希腊哲学新论［M］．广州：广东人民出版社，2007.

［50］唐明邦．周易评注［M］．北京：中华书局，1995.

［51］唐君毅．中国文化之精神价值［M］，桂林：广西师范大学出版社，2005.

［52］南怀瑾．易经杂说［M］．上海：复旦大学出版社，2002.

［53］金景芳，吕绍纲．周易全解（修订本）［M］．上海：上海古籍出版社，2005.

三、中文译著

[1] [法] 列维-斯特劳斯. 野性的思维 [M]. 李幼蒸, 译. 北京: 商务印书馆, 1987.

[2] [法] 列维-布留尔. 原始思维 [M]. 丁由, 译. 北京: 商务印书馆, 1981.

[3] [法] 爱弥儿·涂尔干, 马塞尔·莫斯. 原始分类 [M]. 汲喆, 译. 上海: 上海人民出版社, 2005.

[4] [法] 列维-斯特劳斯. 种族与历史种族与文化 [M]. 于秀英, 译. 北京: 中国人民大学出版社, 2006.

[5] [法] 爱弥儿·涂尔干. 宗教生活的基本形式 [M]. 渠敬东, 汲喆, 译. 北京: 商务印书馆, 2011.

[6] [瑞] 荣格. 东洋冥想的心理学——从易经到禅 [M]. 北京: 社会科学文献出版社, 2000.

[7] [美] 艾兰. 水之道与德之端: 中国早期哲学思想的本喻 [M]. 张海晏, 译. 上海: 上海人民出版社, 2002.

[8] [美] 艾兰. 早期中国历史思想与文化 [M]. 杨民, 等, 译. 沈阳: 辽宁教育出版社, 1999.

[9] [美] 金白莉·帕顿, 等. 巫术的踪影: 后现代时期的比较宗教研究 [M]. 钱雪松, 李林, 等, 译. 北京: 中国人民大学出版社, 2005.

[10] [美] 田辰山. 中国辩证法——从易经到马克思主义 [M].

萧延中，译．北京：中国人民大学出版社，2016.

［11］［德］康德．康德三大批判合集（上）［M］．邓晓芒，译．北京：人民出版社，2017.

［12］［德］黑格尔．小逻辑［M］．贺麟，译．北京：商务出版社，1980.

［13］［德］黑格尔．精神现象学（上下卷）［M］．贺麟，王玖兴，译．上海：上海人民出版社，2013.

［14］［德］黑格尔．哲学史讲演录［M］．王太庆，译．上海：上海人民出版社，2013.

［15］［德］黑格尔．逻辑学（上）［M］．杨之一，译．北京：商务印书馆，1977.

［16］［德］黑格尔．逻辑学（下）［M］．杨之一，译．北京：商务印书馆，1981.

［17］［德］伽达默尔．真理与方法：哲学诠释学的基本特征［M］．洪汉鼎，译．北京：商务印书馆，2011.

［18］［德］卡尔·雅斯贝尔斯．历史的起源与目标［M］．魏楚雄，俞新天，译．北京：华夏出版社，1989.

［19］［德］海德格尔．存在与时间［M］．陈嘉映，王庆节，译．北京：生活·读书·新知三联书店，1999.

［20］［德］朗宓榭．小道有理：中西比较新视阈［M］．金雯，王红妍，译．北京：生活·读书·新知三联书店，2017.

［21］［德］恩斯特·卡西尔．人论［M］．甘阳，译．上海：上海译文出版社，2013.

[22] [德] 恩斯特·卡西尔. 符号神话文化 [M]. 李小兵, 译. 北京: 东方出版社, 1988.

[23] [德] 恩斯特·卡西尔. 符号形式的哲学 [M]. 赵海萍, 译. 吉林: 吉林出版集团, 2018.

[24] [英] 怀特海. 思维方式 [M]. 刘放桐, 译. 北京: 商务印书馆, 2010.

[25] [英] 怀特海. 科学与近代世界 [M]. 何钦, 译. 北京: 商务印书馆, 1989.

[26] [英] 怀特海. 过程与实在 [M]. 李步楼, 译. 北京: 商务印书馆, 2010.

四、中文期刊

[1] 赵士孝.《易传》阴阳思想的来源 [J]. 哲学研究, 1996 (08).

[2] 叶秀山. 论时间引入形而上学之意义 [J]. 哲学研究, 1998 (01).

[3] 余秉颐. 方东美的生命本体论 [J]. 江淮论坛, 1998 (04).

[4] 姜广辉. "文王演《周易》"新说——兼谈境遇与意义问题 [J]. 哲学研究, 1997 (03).

[5] 蒙培元. 天·地·人——谈《易传》的生态哲学 [J]. 周易研究, 2000 (01).

[6] 王晓毅．“天地”“阴阳”易位与汉代气化宇宙论的发展［J］．孔子研究，2003（04）．

[7] 王新春，刘光本．《易传》“人文化成”的价值理想［J］．山东大学学报（哲学社会科学版），2000（04）．

[8] 刘大钧．“卦气”溯源［J］．中国社会科学，2000（05）．

[9] 周山．《周易》诠释若干问题思考［J］．安徽师范大学学报（人文社会科学版），2003（04）．

[10] 孙周兴．本质与实存——西方形而上学的实存哲学路线［J］．中国社会科学，2004（06）．

[11] 颜玉科．方东美哲学思想研究简述［J］．孔子研究，2005（03）．

[12] 张其成．邵雍：从物理之学到性命之学［J］．孔子研究，2001（03）．

[13] 郑炳硕．熊十力之《周易》新诠释与儒学复兴［J］．周易研究，2002（06）．

[14] 张京华．中国何来“轴心时代”？（下）［J］．学术月刊，2007（08）．

[15] 张祥龙．概念化思维与象思维［J］．杭州师范大学学报（社会科学版），2008（05）．

[16] 杨国荣．道与中国哲学［J］．云南大学学报（社会科学版），2010（06）．

[17] 康中乾．论王弼“无”本论的哲学实质［J］．中国哲学史，2000（04）．

[18] 彭国翔. 从出土文献看宋明理学与先秦儒学的连贯性——郭店与上博儒家文献的启示 [J]. 中国社会科学, 2007 (04).

[19] 李墨, 赵峥. 中西比较哲学视野中辩证教化观问题初探——以《周易》辩证思维为例 [J]. 天津市教科院学报, 2017 (04).

[20] 孙小金. 王弼对易学的承启与转折 [J]. 社会科学, 2005 (02).

[21] 何石彬. 老子之"道"与"有"、"无"关系新探——兼论王弼本无论对老子道本论的改造 [J]. 哲学研究, 2005 (07).

[22] 赵源一. 王弼解《易》之道阐释 [J]. 周易研究, 2006 (06).

[23] 杨立华. 卦序与时义: 程颐对王弼释《易》体例的超越 [J]. 中国哲学史, 2007 (04).

[24] 蒋丽梅. 王弼《易》注用《庄》论 [J]. 周易研究, 2007 (04).

[25] 刘梁剑. 王弼论体用关系 [J]. 渤海大学学报 (哲学社会科学版), 2004 (02).

[26] 暴庆刚. "崇本息末"与"崇本举末": 王弼老学诠释中的矛盾及其解决 [J]. 人文杂志, 2011 (06).

[27] 林忠军. 论象数易学演变、特征及其意义 [J]. 学术月刊, 1997 (07).

[28] 林忠军. 试论易学象数起源与《周易》文本形成 [J]. 哲学研究, 2012 (10).

[29] 刘玉建.《易传》宇宙生成论的建构——《易传》天人合一哲学体系的基本理论前提 [J]. 周易研究, 2009 (05).

[30] 张毅. 叩问生命: 现代新儒家的佛学因缘 [J]. 清华大学学报 (哲学社会科学版), 2007 (03).

[31] 戴明玺. 新儒家文化观的嬗变历程: 从熊十力到杜维明 [J]. 山东社会科学, 2002 (05).

[32] 樊宝英. 论"天人合一"的艺术生命精神 [J]. 山东社会科学, 2002 (04).

[33] 余秉颐. 重新省思中国文化的当代价值——再论《为中国文化敬告世界人士宣言》对中国文化的阐释 [J]. 哲学动态, 2009 (09).

[34] 刘成纪. 生命美学的超越之路 [J]. 学术月刊, 2000 (11).

[35] 李霞. 道家生命观的主题嬗变[J]. 社会科学战线,2004 (06).

[36] 吕有云. 道家虚静之道的生命哲学解析 [J]. 现代哲学, 2011 (03).

[37] 景海峰. 论柏格森对现代新儒学思潮的影响 [J]. 现代哲学, 2005 (03).

[38] 景海峰. 儒家思想现代诠释的哲学化路径及其意义 [J]. 中国社会科学, 2005 (06).

[39] 张华勇.《周易》哲学视域下的社会政治秩序之构建及其当代意义——兼与黑格尔哲学的"市民社会"相比较 [J]. 西北大学学报 (哲学社会科学版), 2016 (01).

[40] 史少博.《周易》辩证思维与黑格尔辩证法之差异 [J]. 济南市委党校学报, 2007 (01).

[41] 王天成. 生命意义的觉解与辩证法的任务 [J]. 吉林大学社会科学学报, 2005 (04).

[42] 王天成. 黑格尔概念辩证法中的个体生命原则 [J]. 天津社会科学, 2005 (02).

[43] 王天成, 曾东. 辩证法的三种形态——意见的逻辑、幻相的逻辑和思辨的逻辑 [J]. 社会科学战线, 2007 (04).

[44] 王天成. 黑格尔形而上学维度的革新 [J]. 吉林大学社会科学学报, 2007 (04).

[45] 张宗艳. 从知性范畴到思辨概念 [J]. 社会科学辑刊, 2011 (04).

[46] 张宗艳. 思辨逻辑中概念的真理性 [J]. 天津社会科学, 2012 (01).

[47] 石墩国, 王慧星. 马克思的感性概念及其对形而上学之谜的解答 [J]. 西南大学学报 (社会科学版), 2008 (01).

[48] 张文喜. 重新认识马克思辩证法的真理性 [J]. 哲学研究, 2007 (02).

[49] 李志安. 从形式的历史到历史的形式——论马克思对黑格尔辩证法的超越 [J]. 学术研究, 2007 (03).

[50] 李淑梅. 实践性辩证存在方式与认识的辩证法 [J]. 南开学报, 2003 (01).

[51] 侯继迎, 倪志安. 论马克思的实践辩证法 [J]. 理论探讨,

2007（01）.

［52］陈祖华．“实践辩证法”论纲［J］．武汉大学学报（人文科学版），2001（06）.

［53］高冬梅．对黑格尔“思辨的逻辑”的几点认识［J］．宁夏大学学报（人文社会科学版），2001（02）.

［54］侯荣华，刘珂．浅谈马克思与黑格尔辩证法的合理内核［J］．兰州学刊，2007（06）.

［55］李杰，张鹏超．马克思的人学辩证法［J］．天府新论，2008（01）.

［56］高云涌．自然关系的逻辑——费尔巴哈人本学辩证法的理论实质［J］．齐齐哈尔大学学报齐齐哈尔大学学报（哲学社会科学版），2007（05）.

［57］庞立生，韩秋红．辩证法的人学价值意蕴［J］．唯实，2004（05）.

［58］刘森林．“辩证法”的再启蒙——《启蒙辩证法》的辩证法观［J］．吉林大学社会科学学报，2017（02）.

［59］尹峻．所予、统觉与自我意识的辩证运动——当代分析哲学视域中黑格尔对康德的批判［J］．山东社会科学，2016（10）.

后 记

看到自己的学术兴趣转化成研究成果，真是人生一大幸事。随着相关研究论题告一段落，一些非学术性、非理论性的想法和感触可以说说了，不过对我而言，思考与体悟仍未结束，这还得从八年前我与《周易》的结缘说起。2013年夏，我考取体制内公职，在农村从事基层司法工作。由于吃住在当地，从学校搬行李时，我随手拿了几摞非专业类书籍，以备闲暇无聊时打发时间，其中正有一本学者何新所著的《周易新解》。不料，在书籍的存放搬运中，不少散装在一起的都遗失了，当我翻箱倒柜多次无果后，恰巧只有这本《周易新解》仍留在行李的角落。于是，在很多个无人问津的白天、夜晚、午后、凌晨，不管是迷茫孤独还是好奇疑惑，我总会不由地翻看这本书，虽然当时也不怎么能看得懂。

那时的我总在思考一个问题：个体感性知觉与逻辑理性之间是一种怎样的关系？也就是说，人的思维能在多大维度认识和预判自身与时空的关系。带着对《周易》卦爻辞具有卜筮功能的粗浅认识，我开始较为深入地研读关于《周易》的学术著作与文献，我逐渐发现《周易》所要表达和阐发的，恰恰不是教人"信命"，信奉一种固化了的、无法改变的秩序，而是如何把握事物线性发展中所内在的那种"自否定”要素——改变，因时而变、与时偕行都是其中应有之义。据说，孔子是深入研究过《周易》的，他在五十岁后得见此书便手不释卷，更有“韦编三绝”之史料留存（《史记·孔子世家》云，“孔子晚而喜《易》……读《易》，韦编三绝”）。孔子认为，知易者不占，善易者不卜，真正懂得了事物发展变化的道理，遵循其内在规律修德进业，即便不懂占卜也能洞悉事物发展方向，进而把握大势、找到出路、改变“命运”。从人类社会发展的宏观场域来看，《周易》内涵的朴素辩证逻辑与伦理实践观，蕴藏着人类文明新形态的“种子”，正是新时代中华优秀传统文化创造性转化和创新性发展所应深入阐发的对象。

科学的认识应当是理论逻辑与历史逻辑的统一。经过诸多周折，我后来的人生经历以及实践体悟确证了我之前的判断，我离自己想要的生活越来越近了。而当历史检验后的判断逐渐清晰时，我在想能否为解释这种判断找到依据，《周易》所内含的朴素辩证逻辑，在当代中西方文明对话与文化交流的大背景下，是否存在一种理论阐释的可能？2016 年底，我带着这个疑问找到了我的导师杨效雷教授。

我要感谢杨效雷教授，杨老师不仅学问做得好，而且人品甚好。初次见面时我便向杨老师汇报了我的研究目的和思路：首先，我转向从事易学研究的目的是纯粹的，兴趣使然而无关其他。其次，我希望能在一种大的时代格局下研究易学，即遵循习近平总书记所讲的“推动中华优秀传统文化创造性转化、创新性发展”这一思路，带着某种“责任感”去尝试前人没有做过的东西。最后，我希望能立足于马克思主义唯物辩证法的方法论，从易学最容易“蒙尘”的领域开展研究。作为天津易学研究领域为数不多的知名专家，面对我这样一个非易学科班出身的学生，杨老师对我汇报的内容给予了充分肯定和鼓励，在提出诸多需要注意和改进意见的同时，在整个研究过程中悉心指导我的写作，不厌其烦地对我的文稿审阅修改，并给予我充分的学术自由，帮助我完成了一项在我看来极其困难而又充满意义的创造性研究工作。

实际上，“冒险”是我学术旨趣的核心。随着易学研究工作的深入，我的疑惑和不安不减反增。要知道，易道广大，无所不包，即便聚焦某一朝代易学思想家的观点研究，就能阐释形成大量论著，更何况要在同西哲巨擘黑格尔的比较视域中开展研究呢？我有时也在苦笑，好奇心真不是个好东西，它给了我闯入未知的勇气和冲动，却总是令我骑虎难下又不得不下，好在除了导师以外，还有众多支持我、鼓励我的人在我周围。有杜鸿林教授、荣长海教授、吴克峰教授、田贵平教授、黄燕教授、王者洁教授这样的宽厚师长；有天津美院的孙杰书记、贾广健院长、郭振山副院长、蒋宗文副书记（现任职天津商业大学）、李鑫副院长、董洪霞副书记、付晓霞处长、范敏处长、李凤臣主任以及原单位的王水洲书记、孙刚教导这样的领导支持；有师林博士、孙航博士、赵峥博士这样的好友同窗，等等。良师益友的出现很大程度上缓解了我的压力与紧张，使我感受到过程比结果更重要的真义。

现在想想看，人这一生从想做事、敢做事到能做事，直至把事做成，最后到底做成多少，加起来算算或许不会很多。我很高兴自己趁年轻做了一件至少我认为比较有意义的事。这条路，我还会一直走下去，不断自我“否定”，不断与时偕行，不断修德进业，朝着未知的领域迈进。

2021 年 9 月定稿于天津美院